Peter Hohenauer · Spielplatzgestaltung – naturnah und kindgerecht

Für Claudia
und Verena

PETER
HOHENAUER

Spielplatzgestaltung – naturnah und kindgerecht

BAUVERLAG GMBH · WIESBADEN UND BERLIN

Die Deutsche Bibliothek – CIP-Einheitsaufnahme

Hohenauer, Peter:
Spielplatzgestaltung, naturnah und kindgerecht / Peter Hohenauer. – Wiesbaden ; Berlin : Bauverl., 1995
   ISBN 3-7625-3181-1
HE: HST

Layout: Sigrid Piel
Umschlaggestaltung: Klaus Neumann

Das Werk ist urheberrechtlich geschützt. Jede Verwendung auch von Teilen außerhalb des Urheberrechtsgesetzes ist ohne Zustimmung des Verlags unzulässig und strafbar. Das gilt insbesondere für Vervielfältigungen, Übersetzungen, Mikroverfilmungen sowie die Einspeicherung und Verarbeitung in elektronischen Systemen. Autor(en) bzw. Herausgeber, Verlag und Herstellungsbetrieb(e) haben das Werk nach bestem Wissen und mit größtmöglicher Sorgfalt erstellt. Gleichwohl sind sowohl inhaltlich als auch technische Fehler nicht vollständig auszuschließen.

© 1995 Bauverlag GmbH · Wiesbaden und Berlin
Druck und Verarbeitung: Druckhaus Darmstadt GmbH, 64295 Darmstadt
ISBN 3-7625-3181-1

Inhaltsverzeichnis

Vorwort 7

Einführung 9

Natur als idealer Spiel-, Erlebnis- und Entwicklungsraum 11
Spielen im Wechsel der Jahreszeiten 12
Bedeutung des Naturerlebens für die kindliche Entwicklung 13
Naturnahe Spielbereiche im Lebensraum Stadt 20

Pflanzen in naturnahen Spielräumen 23
Pflanzen als Witterungs-, Sicht- und Lärmschutz 23
Der Spielplatz als ökologisches System 26
Belastbarkeit der Spielplatzvegetation 27
Vorteile heimischer und standortgerechter Pflanzen 28
Verwendung robuster Pflanzen 29
Spontanvegetation 32
Giftpflanzenproblematik 34
– Relativität der Giftigkeit 35
– Auch „bedenkliche" Pflanzen sind wichtig 37
– Indizierte Pflanzen 39
Pflanz- und Pflegehinweise 40
– Zielsetzung von Unterhalt und Pflege 47
Pflanzliste (v. Marianne Roland) 48

Planung von naturnahen Spielräumen 56
Qualifizierte Planung 56
Bestandsaufnahme 59

Gestaltungselemente 61
Einfriedungen und Gliederungen 62
– Zäune und Spaliere 62
– Benjes-Hecke 66
– Trockenmauern – Lebendige Mauern 68
– Findlinge, Steine und Kiesel 71
Raumbildung durch Bäume und Sträucher 73
– Treffpunkte und Rückzugsorte 74

- Lebende Wände – Fassadenbegrünung 76
- Bewachsene Dächer 79
- Lauben und Pergolen 80

Geländemodellierung 81
- Mulden und Gruben 81
- Kuppen, Wälle und Hügel 81
- Rasenbänke 84

Böden 85

Lebende Wege 91

Gestaltete Natur als Spielangebot 96
Baumstämme und Steine 99
Weidenkonstruktionen 102
Pflanzendschungel 105
Pflanzenlabyrinthe 107

Spielgeräte in naturnahen Spielräumen 109
Ergänzung von Natur und Spielgeräten 109
Spielhütten und Baumhäuser 113
Baumseile und Pendel 114
Rutschen 115
Hängebrücken 115
Wasserspielanlagen 117

Abenteuer und Sicherheit 123
Zulässigkeit von sportlich-spielerischen Risiken 124
Sinn und Verbindlichkeit der Normen 126
Verantwortung für die Sicherheit 131
Sicherheitsanforderungen an Spielplatz und Spielgeräte 132

Weitere naturnahe Spiel- und Erholungsräume im städtischen Umfeld .. 138
Wohnumfeld 138
Schulhöfe 144
Spezielle Erfahrungs- und Nutzgärten 147

Beispiele für Planung und Ausführung 150
Spielplatz 150
Kindergarten 155
Schulhof 157
Wohnsiedlung 160

Anmerkungen 164

Quellenangaben für Bildmaterial 169

Literaturverzeichnis 170

Vorwort

Mit dem vorliegenden Buch soll auf die große Bedeutung von Natur und Pflanzen für Spielbereiche, Spielplätze und Spielflächen aufmerksam gemacht werden. Die Natur müßte als originäres Angebot für Kinder wieder verstärkt in die Planung einbezogen und bei der Unterhaltung entsprechend behandelt werden.

So liegt hier der Gedanke zugrunde, ein positives Verhältnis zur Pflanze in den Vordergrund zu rücken. Spielplätze zählen zu den wenigen übriggebliebenen Orten, an denen Kinder noch draußen spielen und mit der Natur in Berührung kommen können. Denn wie die Natur, so sind auch die meisten anderen „natürlichen" Spielorte und -möglichkeiten in den vergangenen Jahrzehnten weitgehend aus unseren Städten verschwunden.

Es gilt, die bespielbare Umwelt, den Vorgarten, den Eingangsbereich des Hauses, den Bürgersteig, den Schulhof und natürlich den Spielplatz, so optimal wie möglich zu gestalten, einzurichten und zu erhalten. Kinder lernen im Spiel sich selbst und ihre Lebenswelt kennen und verstehen und entwickeln dabei ihre Gefühle und ihren Verstand, ihre persönlichen Beziehungen und Lebenseinstellungen. Hier kommt einer wirklich lebendigen Pflanzenwelt eine zentrale Bedeutung zu.

Ich habe die nach meiner Ansicht wichtigsten Erkenntnisse und Erfahrungen zusammengestellt und daraus Anregungen und Anleitungen entwickelt, um zu zeigen, welche positiven Gestaltungs- und Spielmöglichkeiten die Pflanze bietet. Da das Wissen um die Bedeutung von Pflanzen sehr uneinheitlich ist, habe ich es für notwendig erachtet, auch relativ allgemeine und grundsätzliche Gedanken aufzunehmen, die manchem sicher bereits bekannt sein dürften.

Auch auf die Bedeutung von Spielgeräten für naturnahe Spielräume ist in einem Kapitel eingegangen worden. Hierbei wurden das Thema „Abenteuer und Sicherheit" in knapper Form behandelt und die wichtigsten Aussagen zu Sicherheitsfragen dargelegt und erläutert.[1] Diese bestehen vor allem in sicherheitstechnischen Anforderungen an den Bau, die Aufstellung und die Unterhaltung von Spielgeräten und in Sicherheitsgrundsätzen, die immer zu berücksichtigen sind.

Grundsätzlich gilt bei allen Bauwerken und ebenso bei Spielplätzen das Prinzip der Gestaltungsfreiheit. Planerische Vorschläge, z. B. in der DIN 18034 – Ausgabe 1988, haben allein empfehlenden Charakter.

Mit diesem Buch möchte ich all die Personen unterstützen, die sich für eine Verbesserung der Spiel- und Lebenssituation der Kinder einsetzen, sei es in der Schaffung, der Planung, der Gestaltung oder der Erhaltung von Spielräumen. Es würde mich freuen, wenn ich mit dem einen oder anderen konkreten Hinweis oder einfach als Argumentationshilfe bei Entscheidungsprozessen hilfreich sein könnte.

Schließlich soll angemerkt werden, daß es bei dem hier behandelten Thema nicht nur um eine isoliert zu betrachtende Spielplatzthematik geht, sondern um einen von vielen notwendigen Ansätzen, unsere natürlichen Lebensgrundlagen zu erhalten und eine ökologisch gesunde Mitwelt wiederherzustellen, für unsere Kinder und für uns alle.

München, Frühjahr 1995   Peter Hohenauer

Einführung

Spielplätze sollten nicht nur Flächen sein, die mit all dem bestückt werden, was die Spielgeräteindustrie entwickelt hat oder Pädagogen, Psychologen, Soziologen u.a. nach ihren Kriterien für erforderlich halten. Ebensowenig kann es sinnvoll sein, das Kind mit seiner jeweiligen altersspezifischen Entwicklungsstufe und den daraus abzuleitenden Spielbedürfnissen als alleinigen Maßstab zu nehmen. Die Natur hat ihre Daseinsberechtigung und ihren Wert in sich. Gerade deshalb bietet sie das reichhaltigste Erfahrungs-, Erlebnis- und Spielangebot. Das Unbekannte, das Vielfältige, das Abwechslungsreiche und auch das Abenteuerliche der Natur enthalten unendliche Spielmöglichkeiten. Und hier können sich Kinder ihr Spiel selbst gestalten.

Sicherlich ist es in der Stadt schwierig, auf den wenigen und dazu noch meist kleinen freien Flächen wirkliche Natur zu erhalten bzw. wieder anzusiedeln und zu sichern. Zwangsläufig muß die Natur hier fast immer gestaltet und gepflegt werden. Daher sind phantasievolle Konzepte und gut durchdachte Planungen für naturnahe Spielräume gefragt. Daß heute in ländlichen Bereichen vor allem städtisch gestaltete Spielplätze angeboten werden, ist bedrückend. Auch hier herrscht Handlungsbedarf, da es kaum Anhaltspunkte gibt, wie geeignete Spielflächen dem dörflichen Charakter entsprechend gestaltet werden sollen.

Leider wird das Thema „Pflanzen auf Spielplätzen" noch immer zu sehr unter problematisierenden oder negativen Blickwinkeln behandelt. So befürchtet man z.B., daß die Kinder das „Rahmengrün" zerstören, das ja bereits nach den Richtwerten des Goldenen Planes in der III. Fassung von 1976 nicht als Spielfläche angesehen wird. Diesem zufolge ist nämlich die Nettospielfläche die „uneingeschränkt nutzbare Spielfläche ohne Rahmengrün [...] und sonstigen, nicht nutzbaren Teilen". Ein weiteres Problem besteht darin, wie Kinder von den in diversen Listen aufgeführten sogenannten Giftpflanzen ferngehalten werden sollen, indem man diese auf Spielplätzen verbietet. Dieses Verbot ist jedoch nicht immer sinnvoll, eher ein Ausdruck von Unwissen, denn was ist nach diesen Listen nicht giftig? Selbst die Kartoffelstaude ist in ihren oberen Teilen giftig. Worin die praktische Gefahr der indizierten Pflanzen liegt, bleibt meist unklar. Schließlich gibt es keine Pflanze, von der alle Teile in jeder größeren Menge gegessen werden können, nicht einmal unter den Obstbäumen.

Beide Punkte sind Beispiele dafür, wie entfremdet die Beziehung des Menschen zur Pflanze geworden ist. Durch ein solchermaßen negatives Verhältnis kann man die Kinder nicht an die Natur heranführen. Wie übertrieben häufig mit diesem Thema umgegangen wird, zeigt sich nicht zuletzt daran, daß die sog. Giftpflanzen in den Haus- und Schrebergärten meist als völlig unproblematisch erlebt werden.

Eine Menge pädagogischer, soziologischer, psychologischer und nicht zuletzt ökologischer Argumente betonen die Wichtigkeit einer naturnahen Gestaltung. Denn der Spielbereich soll ja ein Raum sein, in dem sich Kinder wohlfühlen, ein Ort mit einer positiven Atmosphäre, die zum Nachdenken und Kommunizieren, zum Sammeln von Erfahrungen und Spielen einlädt. Dafür bietet die Pflanze die besten Voraussetzungen.

Mit diesem Buch werden nicht irgendwelche Ideallösungen behauptet, die einfach übernommen werden könnten, sondern es soll Anregungen geben und dazu ermuntern, vor Ort selbst nach sinnvollen naturnahen Konzepten zu suchen. Eine gute Spielanlage ist immer eine individuelle Lösung für eine einmalige Situation; sie sollte daher immer hinsichtlich ihrer räumlichen und sozialen Gegebenheiten und der Spielbedürfnisse der künftigen Nutzer geplant und entwickelt werden.

Nur in Kenntnis dieser spezifischen Bedingungen kann darüber befunden werden, welche Pflanzen geeignet sind, wie robust sie sein müssen, in welcher Form man sie als Klettermöglichkeiten oder Erforschungsobjekte zur Verfügung stellen will und wie dies planerisch umzusetzen ist. Hierbei spielt die Entscheidung für ein eher langfristiges oder nur auf einen bestimmten Zeitraum bezogenes Modell eine wichtige Rolle. Denn da ein gelungener Spielplatz meistens viel benutzt wird, die Natur auf eine intensive Belastung aber nicht eingerichtet ist, darf eine Beschädigung der Pflanze nicht als willkürliche Zerstörung verstanden werden. Die Pflege eines Spielplatzes muß darauf abgestellt sein.

Der Erfolg eines naturnahen Spielplatzes sollte nicht an einer optisch „ordentlichen" Anlage, sondern vor allem daran gemessen werden, ob sich die Kinder dort gerne aufhalten, ob sie schöne Erfahrungen machen, Interessantes beobachten, selbständig etwas entdecken, positiv miteinander umgehen und Freude erleben können.

Natur als idealer Spiel-, Erlebnis- und Entwicklungsraum

Der ideale Spielplatz ist die ungestaltete Wildnis. Sie animiert durch ihre Vielfalt an Farben und Formen, ihre Lebendigkeit, Frische und Wandlungsfähigkeit den Menschen, sich mit ihr und sich selbst zu beschäftigen.

Die Natur bietet unerschöpfliche Möglichkeiten zum Schauen und Hören, Riechen und Fühlen, Beobachten und Erleben, Formen und Verändern, Wahrnehmen und Begreifen. Hierbei werden die Pflanzen mit ihren verschiedenen Blättern, Blüten und Früchten spielend kennengelernt.

Die Natur lebt mit dem Wetter und den Jahreszeiten – Sonne und Regen, Licht und Schatten, Wind und Schnee wirken sich sicht-, riech- und fühlbar aus. Regen und Schnee sind anders als in der Stadt, in der Natur nichts Störendes; das Kind erfährt sie als eine Bereicherung.

Die Natur kennt keine Verbote und Reglementierungen, keine Erwartungen und Verhaltensmaßregeln, keine Aufsicht. Hier können Kinder sich ihr Spiel selbst gestalten. In der Natur entstehen viele Spiele von allein, ohne daß Spielgeräte vorhanden sein müssen. Für jede Altersgruppe, jede individuelle Entwicklungsphase und die daraus abzuleitenden Spielbedürfnisse sind reichhaltige Angebote vorhanden, die nicht erst unter psychologischen und pädagogischen Kriterien untersucht zu werden brauchen.

Die Kinder bekommen nicht das Gefühl, daß die Natur vornehmlich für sie gemacht und zu ihrem Nutzen inszeniert worden ist. Sie ist nichts Genormtes und Vorgefertigtes, sie hat nichts Schablonenhaftes, denn jede Pflanze, jedes Blatt ist einmalig. Die Natur hat ein selbständiges Eigenleben, trägt ihren Sinn in sich selbst und vermittelt doch ein ökologisches Miteinander, in das sich das Kind/der Mensch grundsätzlich integrieren kann.

Hügel und Täler, Wiesen und Blumen, Bäume und Gehölze, Erden und Steine, Teiche und Bäche, alles ist ideal zum Spielen und zum Sammeln von Erfahrungen. Dabei werden, und zwar ohne äußeren Zwang, der Körper und die Motorik trainiert und die Sinne und intellektuellen Anlagen geschult. Eine vielfältige Na-

Freies, gestaltendes Spiel in der Natur – das Ideal eines guten Spielplatzes

tur ist, wie grundsätzlich eine interessante und ansprechende Lebensumwelt, für die körperliche, geistige und seelische Entwicklung eines Kindes, für das Erwachsenwerden von entscheidender Bedeutung.

Spielen im Wechsel der Jahreszeiten

Die Natur wandelt und regeneriert sich ständig aus sich selbst heraus.

Im Wechsel der Jahreszeiten gibt es immer etwas Neues zu entdecken und zu beobachten. Man erlebt die natürlichen Zyklen und erfährt das Wachsen und das Entstehen von Blättern, Blüten, Samen und Früchten. Im Rhythmus der Jahreszeiten bildet sich im Zusammenspiel von Licht und Pflanze eine wechselnde räumliche, farbliche und atmosphärische Vielfalt. Vögel, Schmetterlinge und andere Tiere suchen nach Nahrung und Baumaterial und hinterlassen Spuren wie z. B. eine interessante Feder.

Mit Unterstützung des Windes schickt die Natur im Sommer alle möglichen Samenformen aus, die sich für verschiedenste Spiele sowie botanische und technische Beobachtungen eignen (z. B. Ahornsamen). Allmählich werden die Früchte reif und verlocken zum Betrachten, Betasten, Riechen oder Probieren. Man kann sie sammeln, um sie nach Haus mitzunehmen und daraus etwas zu basteln. Im Herbst lassen sich an den herabsegelnden Blättern physikalische Gesetzmäßigkeiten beobachten und Laubberge zu ausgelassenen Spielen nutzen. Während

Naturmaterialien sind hervorragend geeignet für phantasievolle Rollen- und Bastelspiele

des Winters können Äste und Zweige die Phantasie anregende, an Märchen und Mythen erinnernde Figuren bilden, und in ihren Schneehauben und Reifkronen funkeln die Eiskristalle in der Sonne.

Bedeutung des Naturerlebens für die kindliche Entwicklung

Pflanzen, Naturgesetze und Sinneserfahrung

Pflanzen verändern sich im Entstehen, Wachsen und Vergehen. Diese Prozesse sind voller Erlebnisse, die natürliche Gesetzmäßigkeiten, Regelkreisläufe und allgemeine existentielle Wahrheiten vermitteln. Diese müssen nicht als solche erkannt werden, weil das Erleben und persönliche Eingebundensein, das teilnehmende Schauen und positive (innere und äußere) Berührtsein wichtige, elementare Erfahrungsgrundlagen sind.

Die sinnliche Wahrnehmung ist ja nichts Äußerliches, sondern eine innere Bewegung, und die Natur mit ihren Regeln und Gesetzen ist nicht nur um uns herum, sondern auch in uns. Hugo Kükelhaus hat an solches, heute oft vergessenes Wissen und ursprüngliche Zusammenhänge erinnert. Auch daran, daß über die Sinne die inneren Organe angeregt werden und eine wirkliche Gesundheit nur möglich ist, wenn sich die Sinne ausreichend entwickeln und entfalten können.

Die Ästhetik der Natur ist seit jeher Ausgangspunkt, Basis und Motivation für künstlerische Auseinandersetzung und Gestaltung. Wie wichtig die ästhetische Erziehung des Menschen ist, hat bereits Friedrich von Schiller deutlich gemacht. Ästhetik kommt vom griechischen ‚aisthesis' = Wahrnehmung. Die Natur mit ihren jahreszeitlich, täglich, ja beständig wechselnden Licht- und Farbspielen, die Pflanzen mit ihren oft ornamentalen Strukturen und Formen regen zu einer differenzierten Wahrnehmung und inneren Öffnung an.

Viele Kinder wachsen jedoch in unserer Zeit zunehmend auf eine Weise auf, daß sich die meisten Sinne gar nicht mehr differenziert ausbilden können. Statt eines In-der-Welt-Seins mit Augen, Nase und Ohren vergeht einem angesichts von tristen Wohngegenden und Verkehrslärm häufig Hören und Sehen. Mit den Füßen ist die Umwelt kaum mehr erlebbar, im Gegenteil, die Füße müssen meist vor ihr geschützt werden. Barfußlaufen auf Sand, Erde, Rasen, Matsch, Baumrinden ist nur mehr in Erholungs- und Urlaubsgebieten, also in Ausnahmesituationen möglich.

Zunehmend weisen Kinder gesellschafts- und zeittypische Entwicklungsdefizite und Behinderungen, auch im sinnlichen Bereich, auf. Sie können Wahrnehmungen nur mangelhaft analysieren und einordnen, besitzen unterentwickelte Raumorientierungs- und Gleichgewichtsorgane, da ihre Wahrnehmungs-, Koordinations- und Balanciersysteme unzureichend gefordert = gefördert worden sind.

Ohne natürliche, organismusadäquate Anreize, ohne positive Stimulationen, ohne differenzierte Auseinandersetzungen und Wechselspiele verkümmern die Sinne. Darunter leidet sowohl die Wahrnehmung, die ganzheitlich, d.h. mit dem ganzen Körper stattfinden sollte, sondern auch das ganze Wohlbefinden, der Bezug zur Welt und zu sich selbst. Denn im Bezug zur Außenwelt entwickelt der Mensch auch den Bezug zum eigenen Ich, zum Selbst.

Während die primären Sinneserfahrungen in den vergangenen Jahrzehnten immer stärker zurückgedrängt wurden, haben sekundäre Sinnesreize durch Medien, Werbung nicht zuletzt für Kinder immens zugenommen (Reizüberflutung). An die Stelle von Primärerfahrungen sind zunehmend Sekundärerfahrungen getreten; statt authentischem, persönlichem Erleben der Wirklichkeit wird die Welt vermehrt als eine über Medien (Bücher, Fernsehen, Computersimulationen, Cyberspace) vermittelte, dabei interpretierte, gestaltete und aufbereitete Wirklichkeit wahrgenommen (und ist damit oft nur eine simulierte, vorgetäuschte Wirklichkeit). Unser hauptsächliches Wahrnehmungsorgan ist hier relativ einseitig das Auge geworden, fixiert auf flache Bildschirmbilder.

Die Natur mit ihrer authentischen Wirklichkeit, mit ihren unterschiedlichen, grundlegenden Materialien und Stoffen ist nicht nur eine natürliche, d.h. nicht künstlich geschaffene, sondern auch eine organisch gewachsene, reale und lebende Welt. Sie ist für den Menschen Spiegel und Abbild seiner eigenen materiell-organischen, sinnlichen und sinnstiftenden, ästhetischen und philosophischen Wesenheit und sie ist Spiegel seiner (vielschichtigen, auch widersprüchlichen) Seele.

Kinder sollten mit allen Sinnen Natur erleben können.

Aus all diesen Gründen und Gedanken, die hier nur kurz angedeutet werden sollten, ist die Natur und ihre Ästhetik so bedeutend. Nichts kann so viele grundlegende und vielfältige Impulse vermitteln wie sie. Zur gesunden Entwicklung der Sinne und damit des Menschen ist daher eine möglichst vielfältige und artenreiche, intakte Natur äußerst wichtig. Innerlich offene, sinnliche Beschäftigung heißt folglich, die Pflanze nicht nur mit den Augen, sondern auch mit den Ohren, der Nase, der Haut, den Händen und Füßen wahrzunehmen. Das Barfußlaufen, das Pflücken einer Blume, das Abbrechen eines Astes, das genaue Untersuchen eines einzigen Buchenblattes und daneben eines Kastanienblattes ist eine Offenbarung an Eindrücken, Informationen und Impulsen für das eigene Leben.

Pflanzen und kindliche Entwicklung

Das Spielangebot sollte so offen und weit sein, daß möglichst alle menschlichen Wahrnehmungsbereiche angeregt und gefördert werden: Sehsinn (visuelle Wahrnehmung), Hörsinn (auditive Wahrnehmung), Geruchs- und Geschmackssinn, Tastsinn (taktile Wahrnehmung), Gleichgewichtssinn (vestibuläre Wahrnehmung) und Bewegungssinn (kinästhetische Wahrnehmung). Dadurch entwickeln sich u. a. die sensorischen Systeme, das zentrale Nervensystem, die Organe.

Mit Pflanzen können sich Kinder mit all ihren Sinnen auseinandersetzen und physisch, psychisch und kognitiv beschäftigen:

- Sie sind mit den Augen zu betrachten;
- Man kann sie mit den Händen und Füßen betasten und befühlen, erfassen und verstehen;
- Mit Augen, Nase, Ohren und Händen sind ihr Aussehen, ihre Eigenschaften und ihre innere Struktur zu erforschen (Erkundung der Umwelt hat nichts mit Zerstörung zu tun);
- Ihre Bedeutung als Lebensraum für Vögel, Insekten, Spinnen u. a. Tiere kann beobachtet und ihre Rolle in einem ökologischen System erfahren werden;
- Auf Grund festgestellter Eigenschaften sind sie für bestimmte Zwecke nutzbar; (für Rollenspiele oder als Baumaterial für Miniaturwelten mit Burgen, Brücken, Zäunen u. a. im Sandkasten);
- In Strauchpflanzungen (die abwechselnd dicht und locker gesetzt wurden) sind phantasievolle Versteck-, Höhlen- und Abenteuerspiele möglich;
- Auf Bäume kann man klettern, oben in den Ästen liegen, über die Welt nachdenken und träumen.

Durch die Beschäftigung mit einer vielfältigen Pflanzenwelt werden die Sinne (z. B. differenzierte Wahrnehmung von Gerüchen, Geräuschen, Formen und Strukturen), die körperlichen (z. B. Fingerfertigkeiten) und die intellektuellen (z. B. Erkennen von physikalischen, biologischen etc. Regeln, von Zusammenhängen und Unterschieden) Fähigkeiten geschult.

Dabei werden die inneren Beziehungen zur Mitwelt, die Kontakt-, Aneignungs- und Auseinandersetzungsformen mit ihr aufgebaut. Das ästhetische Empfinden und der eigene schöpferische Ausdruck, das individuelle Selbstverständnis, Selbstbewußtsein und die persönliche Lebenseinstellung werden geprägt.

Es ist wissenschaftlich erwiesen, daß sich die in Kindern vorhandenen sensitiven, körperlichen, emotionalen und kognitiven Anlagen um so besser ausbilden und entwickeln können, wenn sie frühzeitig und kontinuierlich durch positive und mannigfaltige Reize, Anstöße und Anregungen aus der Außenwelt aktiviert werden. Fördert man diese Anlagen im Kindesalter nicht, dann stagnieren oder verkümmern sie. Eine bespielbare Natur besitzt daher für die kindliche Entwicklung eine große Bedeutung.[2]

Die Welt von oben betrachten, den eigenen
Gedanken nachhängen.

Erziehung zur Rücksicht auf die Natur?

Nicht selten werden Pflanzen auf Spielbereichen stärker in Mitleidenschaft gezogen oder sogar zerstört. Bei willkürlichen Beschädigungen von Pflanzen liegt die Ursache häufig in einem mangelhaften Bezug zur Natur. Im eigenen Garten oder dem des Kindergartens läßt sich durch pädagogische Maßnahmen ein positives Verhältnis durchaus herbeiführen. Allerdings ist es relativ schwierig, gerade auf einem Spielplatz zu einem pfleglichen Umgang mit der Natur zu erziehen. Spielplätze haben meist eine Ventilfunktion zum Ablassen sonst nicht auslebbarer Energien zu erfüllen. Dies ist eine Notlösung, aber auf Grund oft eingeschränkter Bewegungs- und Entfaltungsmöglichkeiten zu Hause, eine sehr notwendige. Daher macht es einerseits wenig Sinn, den Kindern, die für ihre Lebensumwelt überhaupt nichts können, die Sorge um den Erhalt der Natur in ihrem viel zu kleinen Reservat aufzubürden. Andererseits ist es wichtig, daß die Kinder so früh wie möglich die Bedeutung der Natur begreifen und schätzen lernen.

Es ist folglich nur zu begrüßen, wenn durch zeitlich begrenzte Betreuungsprogramme, z. B. anläßlich einer Neubepflanzung, die Kinder auf ökologische Zusammenhänge aufmerksam gemacht werden oder wenn sie gelegentlich, z. B. bei botanischen Pflegearbeiten, miteinbezogen werden. Auch naturkundliche Veranstaltungen auf dem Gelände können bewußtseinsbildend sein.

Jedoch sollte an das einzelne Kind keine zu hohe Erwartung hinsichtlich eines behutsamen Umgangs mit den Pflanzen gestellt werden. Dies liegt nicht an den Kindern, sondern an der „Notlösung" Spielplatz mit seinen relativ engen Rahmenbedingungen und seinen vielen Ersatzfunktionen.

Kinder dürfen auf ihren Spielreservaten keinen zu großen Zwängen unterworfen sein. Es ist wichtig, daß Kinder sich trauen, Pflanzenteile abzubrechen, um sie für ein subjektiv wichtiges Ziel zu nutzen. Sie sollen die Möglichkeit haben, die Natur zu erforschen und einzelne Teile für erfundene Spiele, z. B. Koch- oder Bauspiele im Sandkasten zu verwenden.

Denn dadurch entsteht eine andere Wertschätzung der Natur als bei der bloßen Betrachtung. Mehr unbewußt als bewußt werden geniale Bauprinzipien, die immense Vielfalt an Substanzen und ihre Verwendbarkeit für bestimmte Aufgaben erlebt. Dies ist die Voraussetzung, daß die Kinder langfristig, vielleicht als Erwachsene, selbst an einem Erhalt der Natur und damit an einer nur teilweisen „Verarbeitung" interessiert sind.

Die Voraussetzungen für einen rücksichtsvollen Umgang mit der Natur sind dann gegeben, wenn

- das Gelände relativ groß ist;
- der Raum nach einem sinnvollen Plan gestaltet und bepflanzt worden ist;
- es ein in den Augen der Kinder guter und daher erhaltenswerter Spielort ist;

- die sozialen und psychischen Lebensbedingungen der Kinder relativ gut sind;
- physische Energien und Aggressionen nicht konzentriert hier abgelassen werden müssen;
- eine Sensibilisierung für ökologische Zusammenhänge früher schon (z. B. im Kindergarten) stattgefunden hat.

Wenn die Pflanzen kaum geschont, sondern wild und aggressiv bespielt und damit drastisch zerstört werden, sollte dies keine grundsätzlichen Zweifel an der Richtigkeit einer naturnahen Spielanlage erzeugen. Man müßte versuchen, die Ursachen festzustellen, ob Forscherdrang, Spielfreude oder Aggressionen dahinterstecken und die Erkenntnisse gegebenenfalls in eine Neuplanung, ev. unter Verwendung anderer Pflanzen, einfließen lassen.

Naturnahe Spielbereiche im Lebensraum Stadt

Daß Natur und Spiel in der Stadt oft als etwas sich gegenseitig Störendes oder sogar Widersprüchliches empfunden werden, liegt daran, daß beides heute sehr zurückgedrängt und meist nur mehr in kleinen Reservaten möglich ist. Im Grunde, d. h. unter natürlichen Bedingungen, gehören Natur und Spiel zusammen; beide sind elementare Bestandteile eines gesunden, nichtentfremdeten Lebens.

Das Spiel ist hier nichts Abgetrenntes, das nur auf abgesonderten, eigens dafür eingerichteten Bereichen stattzufinden hat oder erst inszeniert werden muß. Das Spiel ist integrativer Bestandteil des Lebens, ist untrennbar mit den verschiedensten Lebensäußerungen und -formen verbunden. Und es ist Ausdruck des positiven, ganzheitlichen, freudvollen, kreativen und dabei sehr nützlichen In-der-Welt-Seins und Mit-der-Welt-Seins.

Eine wirkliche Natur kann es in der Stadt jedoch nicht geben. Die Stadt hat eine vollkommen andere Struktur mit ihrer eigenen „Landschaft" und ihren spezifischen Spielangeboten.[3] Die Pflanze als Spielangebot und als für die kindliche Entwicklung wesentliche Erfahrung findet kaum Platz. Sie ist in der Stadt einem Komplex vitalitätshemmender oder gar lebensbedrohender Einflüsse ausgesetzt wie trockenem und warmem Stadtklima, Wasser- und Sauerstoffmangel, eingeengtem Wurzelraum, Beschädigungen des Wurzelsystems, Bodenverdichtung, Oberflächenversiegelung, Schadstoff-Immissionen usw. Gerade deshalb ist in der Stadt die Pflanze meist die Natur schlechthin. Und diese Natur ist für die Stadt bzw. deren Bewohner lebensnotwendig. Das Kind braucht dort die einzelne Pflanze als Spiel-, Erfahrungs- und Lernangebot noch stärker als in der freien Natur.

Dabei sollte der Gestaltung der Zone zwischen Haus und Straße besondere Beachtung gezollt werden. Das beginnt mit dem Haustürfreiraum, der für die Kinder eine wichtige Stelle darstellt, und gilt ebenso für den Bürgersteig, der z. B. durch eine Baumreihe von der Fahrbahn getrennt werden kann.[4] Dazu zählen ferner Vorgärten, Hinterhöfe, Wege, Plätze, Baulücken, Dächer von Tiefgaragen etc.

Solche Zwischenzonen besaßen schon immer eine enorme Bedeutung für die Lebensqualität der Anwohner, im positiven wie im negativen Sinn. Alle diese Orte sollten soweit wie möglich nutz- und bespielbar sein bzw. gemacht werden; Bäume, Hecken und Rankgehölze können hier ebenso wie Treppen, Bänke und Pergolen wichtige Funktionen einnehmen.

Auch der täglich erlebte und die tägliche Erfahrung prägende Pausenhof sollte möglichst begrünt und mit Bäumen bepflanzt sein. Gleiches gilt für die täglich begangenen Wege, die städtischen Plätze, die Außenanlagen von Kinderkrippen und Kindergärten und natürlich die Spielplätze. Überall können auf vielfältige Weise Pflanzen angesiedelt und damit individuelle Erfahrungen ermöglicht werden.

Das direkte Wohnumfeld ist viel zu selten spielerisch nutzbar für Kinder.

In diesem Sinne wird in der Folge der Begriff „naturnaher Spielraum" verstanden: *Ein Spielbereich mit Pflanzen, die auch zum Spielen da sind*. Ein Naturspielbereich oder ein naturnaher Spielplatz bietet immer eine Fülle von Anregungen und Angeboten zum Träumen und Nachdenken, zum Betrachten und Erforschen, zum Kommunizieren und Gestalten. Durch Pflanzen und eine naturtypische Gestaltung erhält ein Spielgelände Leben, Abwechslung und Farbe. Aus bioklimatischen Gründen, z.B. wegen seiner erfrischenden Wirkung in heißen Sommern durch die Baumdächer und deren große Feuchtigkeitsabgabe, ist es ein angenehmer und erholsamer Aufenthaltsort. Je vielfältiger die Pflanzenwelt, je naturbelassener bzw. gelungener die Gestaltung ist, desto attraktiver und wertvoller ist das Gelände.

Pflanzen bleiben auf einem Spielplatz sicher nicht nur ein Objekt der Betrachtung, sondern werden immer wieder als willkommenes Material für Bau-, Rollen-, Imitations- und unzählige andere Spiele in einer direkten oder symbolischen Form benutzt.

Dieses Verhalten ist von unschätzbarem Wert für die Entwicklung der Kinder und sollte daher soweit wie möglich gefördert werden. Aus dieser positiven Zielsetzung heraus, und nicht aufgrund eines negativen Vandalismusdenkens muß bei der Planung und Unterhaltung bedacht werden, wie der Pflanzenbestand auf einem Spielplatz so vielfältig wie möglich zu gestalten und zu sichern ist.

Pflanzen in naturnahen Spielräumen

Pflanzen als Witterungs-, Sicht- und Lärmschutz

Nicht zu unterschätzen ist die Schutzfunktion von Pflanzen gegenüber Wetter- und Umwelteinflüssen. Bäume, Sträucher, Hecken und Stauden bilden am jeweiligen Ort eine eigene Kleinklimazone. Solche Räume sind z. B. in heißen Sommern aufgrund der höheren Luftfeuchtigkeit kühler, erfrischender und angenehmer für den Menschen als unmittelbar angrenzende offene, versiegelte Flächen oder Straßenschluchten.

Windschutz: Vor allem Gehölzpflanzungen eignen sich hervorragend als lebendiger Windschutz. Anders als eine geschlossene Mauer oder eine gerade geschnittene Hecke, die den Wind abrupt abbremsen, so daß er steigt und auf der Rückseite mit Turbulenzen wieder fällt, filtern und beruhigen freiwachsende Hecken, Baumreihen und Baumgruppen den Wind. Der Spielbereich kann auch bei stärkeren und kälteren Winden genutzt werden.

Sonnenschutz: Das Blätterdach der Bäume schützt im Sommer vor zu intensiver Sonneneinstrahlung. Manche Spielplätze und Spielgeräte können häufig fast den ganzen Tag nicht bespielt werden, weil es viel zu heiß auf ihnen ist. Großkronige Bäume mit dichtem Laubwerk, hohe Hecken und Büsche schaffen hier Abhilfe. Sie schützen vor der gefährlichen UV-Strahlung der Sonne. Um ein längeres Spielen im Freien nicht nur zu ermöglichen sondern möglichst positiv zu gestalten, empfehlen sich aufgrund ihrer Vielfältigkeit und bioklimatischen Vorteile gerade natürliche Mittel. Planzen, Bäume und Pergolen sind daher Sonnenschirmen, Markisen etc. vorzuziehen.

Außerdem erzeugen Bäume und Sträucher ein Licht-/Schattenspiel, das eine besondere positive und beruhigende Wirkung auf die Psyche ausübt, auf die der Erwachsenen wie die der Kinder. Im Frühling und im Herbst, wenn das Laub noch nicht bzw. nicht mehr so dicht ist, werden die dann willkommenen, wärmenden Sonnenstrahlen durchgelassen.

Hitzeschutz: Insbesondere Laubbäume und dicht belaubte Sträucher wirken klimaverbessernd. Niederschlagswasser versickert nicht so rasch wie in unbegrünten und versiegelten Flächen, sondern wird im Boden gespeichert (Wasserhaltqualität der Naturböden) und verdunstet teilweise wieder über die Blätter (natürlicher Wasserkreislauf). Durch diese Feuchtigkeitsabgabe wird in der heißen Jahreszeit das häufig schwülwarme, trockene Stadtklima zumindest lokal positiv reguliert, indem die Temperaturspitzen gemindert werden und die Luft frischer und angenehmer wird.[5]

Staubschutz: Dichte Pflanzungen filtern und binden in der Luft und im Bodenbereich bis zu einem bestimmten Grad Straßen- und Industriestaub und Schadstoffe. Somit läßt sich auch eine Verbesserung der Luft auf einem Spielgelände erzielen. Geeignet sind dafür vor allem Laubgehölze.[6]

Privathof

Sichtschutz: Kinder benötigen immer mal wieder Rückzugsbereiche, wo sie unbeobachtet und mit einem Gefühl der Geborgenheit spielen und sich in ihre Erlebnisse vertiefen können. Sie benötigen Sichtschutz vor Passanten und Anwohnern, und umgekehrt möchten diese, wenn sie z.B. auf Balkonen sonnenbaden wollen, vor neugierigen Blicken geschützt sein. Auch innerhalb des Spielgeländes ist ein Sichtschutz zwischen unterschiedlichen Spielbereichen bzw. Ruhezonen häufig sehr zweckmäßig.

Eine gute Abgrenzung kann entweder nur durch Pflanzen oder durch eine Kombination von Bodenmodellierungen und Pflanzen hergestellt werden, indem Hügel und Wälle mit dichten Gehölzreihen bepflanzt werden.

Lärmschutz: Immer wieder versuchen Anwohner von Spielplätzen, den beim Spiel entstehenden Lärm durch juristische Verfahren zu unterbinden oder einzuschränken. Erfreulicherweise wurde in mehreren relevanten Gerichtsentschei-

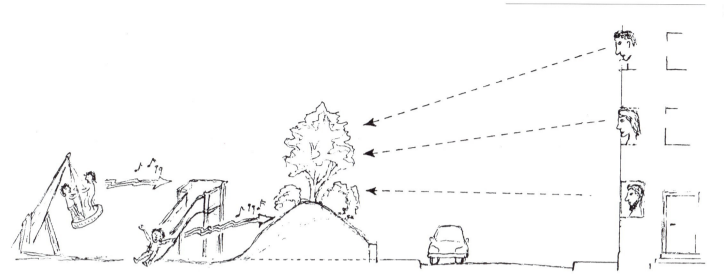

dungen der vergangenen Jahre klargestellt, daß der Lärm, der von spielenden Kindern ausgeht, als „natürliche Lebensäußerung" zu bewerten und grundsätzlich zulässig ist.⁷

Bepflanzte Hügel oder Wälle in unterschiedlichen Höhen bieten einen guten visuellen, akustischen und atmosphärischen Schutz.

Um die Akzeptanz für spielende Kinder zu erhöhen – denn die Spielatmosphäre ist deutlich besser in einem Klima der Toleranz und des Wohlwollens –, sollte immer nach Möglichkeiten gesucht werden, den Spiellärm gering bzw. so erträglich wie möglich zu gestalten. Gerade ältere Anwohner und kranke Menschen reagieren auf Lärm besonders empfindlich, nicht zuletzt deshalb, weil der Lärmpegel durch den Straßenverkehr häufig ohnehin relativ hoch ist.

Vegetativer Lärmschutzwall

Dichtes Laubwerk reduziert nur bedingt, oft nicht direkt den Lärm, weder den der Straßen noch den der Kinder. Es ist jedoch erwiesen, daß nicht sichtbare Lärmquellen als nicht so störend und beeinträchtigend empfunden werden wie die, mit denen man unmittelbar konfrontiert wird.

Seit einiger Zeit werden Versuche unternommen, vegetative Lärmschutzwälle aus Weidenflechtwerk zu bauen. Aus Weidenpfählen und Weidenruten wird in Flechttechnik eine stabile Konstruktion angefertigt, die etagenweise bis zu 4 m hoch errichtet werden kann. Die geflochtenen Wände werden mit Erde hinterfüllt, und auf dieser ersten, ca. 1 m hohen Mauer wird die nächste, etwas schmälere Etage aufgebaut. Das Weidenflechtwerk wird aus lebenden, bewurzelungsfähigen Weidenpfählen und -ruten angelegt. Dafür sind insbesondere die Arten Silber- oder Weißweide (Salix alba) und Hanf- oder Korbweide (Salix viminalis) geeignet.

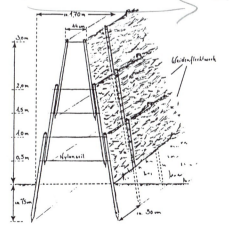

Die Lärmschutzwälle sind allerdings nicht wild zu bespielen, da sie nicht beschädigt werden dürfen.⁸

(Zeichnung nach Michael Springer, s. Literaturverz.)

Der Spielplatz als ökologisches System

Spielplätze werden oft schon bei der Planung in zwei unterschiedliche Teilflächen eingeteilt: in die Pflanzfläche (häufig ‚Rahmengehölzpflanzung'), die nicht für das Bespielen vorgesehen ist, und die eigentliche Spielfläche, die dann auch meistens vegetationsfrei gehalten wird. „Die Grünplanung schafft mit dieser Pflanzfläche keinen Freiraum, sondern einen Grünraum, der schon von seiner Konzeption her Nutzung ausschließt, aber Pflege erfordert. Folglich wirkt Nutzung (Spielen) auf diesen Flächen als Zerstörung. Je wertvoller die Pflanzung und je mühsamer die Pflege, um so eher wird Bespielen vom Grünplaner als Vandalismus empfunden".[9]

Für Kinder muß eine solche Einteilung in erlaubte und verbotene Nutzung gerade auf einer extra für sie eingerichteten Spielfläche unverständlich sein. Tatsächlich „werden die reinen Grünflächen meist auch genutzt, und die reine Nutzungsfläche begrünt sich und muß immer wieder – letztlich erfolglos – entgrünt werden. [...] Das ist in beiden Fällen verständlich: Die Rahmenpflanzung ist ein interessantes, vielfältiges Erfahrungs- und Spielgelände, und die eigentliche Spielfläche besitzt meist auch ein vegetationsfähiges Substrat".[10] So entsteht immer wieder eine „Spontanvegetation", deren Zusammensetzung von der Art der Nutzung abhängig ist. Denn „Nutzungsvorgänge wie Betreten und Befahren fördern oder verhindern das Wachstum bestimmter Arten und Artenkombinationen (Pflanzengesellschaften), die also umgekehrt als Indikatoren bestimmter Flächennutzung ‚gelesen' werden können."[11]

Es gibt Pflanzen, zu deren Standortbedingungen eine Art der Nutzung gehört wie sie auf Spielplätzen anzutreffen ist; ihre Existenzgrundlagen werden vom Spielen also nicht beeinträchtigt, sondern begünstigt. Folglich gibt es auf Spielflächen ökologische Systeme, die sich nur dann im Gleichgewicht befinden, wenn intensiv gespielt wird. Läßt man diese Pflanzen zu, dann erlaubt man ein System, in dem die spielenden Kinder nicht eine Bedrohung für diese Pflanzen sein können, sondern ihre Grundlage bilden. Dies ist eine große Chance, daß Kinder sich – ob bewußt oder unbewußt – als fester und integrierter Bestandteil der Natur begreifen. In einer Zeit, in der der Mensch der Natur relativ stark entfremdet ist, kann dies ein wichtiger Ansatz für ein besseres Verhältnis in der Zukunft sein.

Grundsätzlich soll damit auf die Möglichkeit hingewiesen werden, auf einem Spielplatz – ähnlich wie in einem Biotop – die Pflanzen wachsen zu lassen, die sich dort von alleine einfinden, und die sich sukzessiv ansiedelnden Gewächse nach und nach zu beobachten bis sich eine Pflanzengesellschaft gebildet hat, die mit der spezifischen Spielplatzsituation ein eigenes, ausgewogenes System bildet. Dies würde dem Nutzungsinteresse der Kinder wie der Entwicklung eines vielfältigen Pflanzenbestandes gleichermaßen gerecht werden. Auf jeden Fall sollte eine solche natürliche Entwicklung im intensiven Spielbereich gefördert werden. Ökologie und Spiel brauchen kein Gegensatz zu sein.

Belastbarkeit der Spielplatzvegetation

Die Pflanze ist auf einem Spielplatz einer ganz anderen Belastung ausgesetzt als in der Natur. Der naturnahe Spielplatz braucht Regenerationsmöglichkeiten, soll er nicht schon bald nach seiner Fertigstellung zerstört sein. Deshalb können kleinere Plätze nur dann naturnah ausgebaut werden, wenn eine relativ geringe bzw. sanfte Nutzung zu erwarten ist. Sinnvoll ist dies z.B. bei bestimmten Kleinkinderspielbereichen oder bei der Sanierung eines kaum mehr benutzten Platzes, wenn die ehemalige Nutzergeneration erwachsen geworden und die nächste noch nicht geboren ist. (Zudem ließe sich das Gelände durch eine solche Maßnahme u.U. leichter sichern.) Ansonsten empfiehlt es sich, auf kleineren Plätzen und in unmittelbarer Umgebung der Spielgeräte vor allem robuste Pflanzen zu verwenden.

Handelt es sich um ein weitläufiges Gelände, dann ist eine Sperrung von Teilen zur Regeneration möglich, die allerdings nicht unproblematisch ist, da Absperrungen sehr häufig spielerische Herausforderungen darstellen oder zu Gegenreaktionen reizen. Besser ist es, wenn durch eine gute Planung die hauptsächlichen Spielaktivitäten auf ausgewählte Bereiche konzentriert und somit die übrigen Flächen vor einer Überbeanspruchung geschützt werden können. Auch hier ist eine angemessene Größe unbedingt erforderlich. Eine durchdachte Planung setzt genaue Kenntnis der potentiellen Benutzergruppen nach Sozialstruktur und Spielbedürfnissen voraus, um durch die gezielte Schaffung attraktiver und bewegungsintensiver Spielzonen Kinder an die dafür vorgesehenen Räume zu binden.

Viele Pflanzen sind für ein dauerhaftes und massenweises Bespieltwerden nicht robust genug. Unter bestimmten Bedingungen können (und sollten) sie trotzdem auf einem Spielgelände existieren. Entscheidend ist in jedem Fall: je größer die Fläche und je geringer die Nutzungsintensität, desto besser sind die Lebensbedingungen für eine naturnahe Bepflanzung. Wenn der Spielplatz relativ klein ist, können sich solche Pflanzen am ehesten in geschützten Randbereichen halten. Vom Grundriß vorgegebene Ecken und Nischen, die bei der Planung bisweilen als störend empfunden werden, erhalten dadurch einen neuen Sinn.

In größeren Flächen ist es oft möglich, die Nutzung zu beeinflussen. Mit planerischen Mitteln kann einer Überlastung und damit einer teilweisen Zerstörung der Natur entgegengetreten werden. Indem z. B. an einer Seite eine Spielzone mit attraktiven, qualitativ hochwertigen und optisch ansprechenden Spielgeräten geschaffen wird, läßt sich erfahrungsgemäß das bewegungsintensive Spielgeschehen konzentrieren.

Es ist nicht die Aufgabe der Natur, als Ventil für die aufgestauten Energien der Kinder eines bestimmten Einzugsgebietes zu dienen; dafür eignen sich Spielgeräte viel besser. Ein Kennen- und Schätzenlernen der Natur ist oft erst dann möglich, wenn man sich ausgetobt hat und mehr oder weniger bewußt die ganz anders strukturierte Pflanzenwelt aufsucht.

Dies heißt jedoch nicht, daß das Verhalten der Kinder in jeder Hinsicht vorauszuplanen ist. Natürlich werden die Pflanzen immer wieder durch bestimmte Spiele beansprucht . Da Erfahrungen mit Pflanzen für die kindliche Entwicklung wichtig sind, soll und darf dies auch nicht grundsätzlich verboten und verhindert werden. Deshalb ist vor allem das Verständnis für die Spielbedürfnisse der Kinder wichtiger als der Schutz der Pflanzen und der Anspruch auf einen immer gepflegten Zustand. Eine Vegetation ist gefragt, die weniger nach bestimmten Vorstellungen von Ordnung und Sauberkeit, sondern vielmehr nach ihrem Erfahrungswert und ihrer Bespielbarkeit ausgewählt wird (z. B. robuste Pflanzen wie Weiden, aber auch wilde Spontanvegetation).

Vorteile heimischer und standortgerechter Pflanzen

Eine für alle Regionen „richtige" und überall gleichermaßen anzuwendende Zusammenstellung von „geeigneten" Pflanzen ist nicht möglich. Aufgrund der verschiedenen geographischen, klimatischen und ökologischen Bedingungen ist eine Eignung immer von den örtlichen Gegebenheiten abhängig. Auch aus ökologischer Sicht wäre ein solcher Katalog nicht wünschenswert. Zwar würde er die

Planung vereinfachen, doch könnte dies zu einer noch stärkeren Standardisierung und Verarmung der öffentlichen Grünbereiche führen, als dies ohnehin schon der Fall ist.

Bei Städten kann man nicht so sehr von „einheimischen" Gehölzen der Landschaft sprechen. Es geht mehr um „standortgerechte" Gehölze der Stadt. In den Gemeinden empfiehlt es sich, die natürlichen Gehölze der umgebenden Landschaft zu verwenden. Denn ein Spielplatz sollte schon vom Äußeren eine gewachsene, in das Stadtbild oder die Gemeinde integrierte Anlage sein.

Standortgerecht heißt hier natürlich, daß die Pflanzen für den Spielplatz geeignet sein müssen. Das bedingt für den Boden und den jeweiligen Standort geeignete Hölzer, denn nur diese können dem Druck begegnen, der von den Spielen ausgeht. Besonnung, Belichtung, Bodeneigenschaften, Feuchtigkeit und Windverhältnisse stellen die wesentlichsten Faktoren für den Begriff „standortgerecht" dar.

Die Bevorzugung heimischer bzw. dem jeweiligen Standort entsprechender Gehölze ist aus mehreren Gründen zu empfehlen:

– Sie wachsen besser und sind meist widerstandsfähiger.
– Sie sind meist ein unverzichtbarer Bestandteil eines standortbezogenen ökologischen Systems.
– Sie dienen mehr als die Kulturpflanzen als Lebensraum für einheimische Insekten, Vögel etc. und tragen damit zur Erhaltung der Artenvielfalt in der Tierwelt bei.
– Eine regional bzw. lokal typische und charakteristische Umwelt verstärkt den emotionalen Heimatbezug der Kinder (wie auch der Erwachsenen) und damit die räumliche Identitätsfindung.
– Dies wiederum fördert die Sensibilität für Unterschiede bei Standortwechseln, bei Ausflügen und Reisen.
– Es wird, bewußt oder unbewußt, die Erkenntnis vermittelt, wie wichtig die Natur ist und daß Vielfalt an die Erfüllung natürlicher Bedingungen geknüpft ist.

Verwendung robuster Pflanzen

Eine gute Planung muß von vornherein die Tatsache miteinbeziehen, daß Pflanzen auf einem Spielgelände nicht nur betrachtet werden, sondern entweder selbst Spielangebot sind oder für andere Spiele benutzt werden. So werden Zweige abgebrochen, Blätter abgerissen, Früchte gepflückt usw., um damit zu zeichnen, zu bauen oder zu basteln.

Je kleiner die zur Verfügung stehende Spielfläche und je größer die Nutzungsintensität ist, desto ratsamer ist es, robuste, strapazierfähige und schnell nachwach-

sende Gehölze wie Strauchweiden, Hainbuchen etc. zu pflanzen. Dies gilt besonders für die unmittelbare Umgebung der Spielbereiche, z.B. in der Nähe von Spielgeräten, da gerade dort mit einem weniger behutsamen Umgang bzw. einem vermehrten Bedarf an Pflanzenmaterial zu rechnen ist.

Insbesondere bei größeren Spielanlagen bzw. solchen, auf denen sich der Nutzungsdruck auf bestimmte Stellen konzentrieren läßt, sollte man neben den robusten Pflanzen eine möglichst große Vielfalt anderer Pflanzen ansiedeln. Auch alte Obstbaumsorten sind geeignet, allerdings weniger als Solitärs als in einer gemischten Pflanzung.

Die wirklich robusten Pflanzen sind immer solche, die standortgerecht ausgewählt werden, d.h. den klimatischen und geologischen Verhältnissen des geplanten Standortes entsprechen. Es ist ein großer Unterschied, ob für eine Tal- oder eine Mittelgebirgslandschaft, für einen Lehm- oder Sandboden, für eine intensive Sonnen- oder eine Schattenlage geplant wird.

Leider haben sich einige „standortgerechte" Gehölze in der Literatur und in der Praxis durchgesetzt, wie z.B.:

Feldahorn	Acer campestre	Holunder	Sambucus i.S.
Hainbuche	Carpinus betulus	Vogelbeere	Sorbus aucuparia
Kornelkirsche	Cornus mas	Weiden	Salix i.S.
Haselnuß	Corylus avellana		
Wildkirsche	Prunus i.S.		

Dieses Sortiment, auch als „heimische Feldgehölze" bezeichnet, ist von den möglichen Landschaftsräumen her viel zu breit angelegt. Regionale Entwicklungen und Unterarten werden dabei ebensowenig erfaßt wie die Gehölze, die aus städtischen und dörflichen Bereichen nicht mehr wegzudenken sind, z. B.:

Felsenbirne	Amelanchier canadensis
Falscher Jasmin	Philadelphus
Johannisbeere	Ribes i. S.
Goldglöckchen	Forsythia i. S.
Schneespiere	Spirea i. S.
Flieder	Syringa i. S.

und viele andere. Jeder, der einen naturnahen Spielplatz plant, sollte sich unbedingt mit der in seinem Bereich heimischen oder heimisch gewordenen Vegetation auseinandersetzen.

Eignung von Pflanzen mit Stacheln oder Dornen

Pflanzen, die bei Berührung stechen, brennen u. ä. wie z. B. Hecken aus Weiß- und Rotdorn, Rosen, Brennesseln usw. dürfen zwar wegen der Verletzungsgefahr im direkten Spielbereich nicht gepflanzt werden, für bestimmte Situationen und Zwecke besitzen sie allerdings wichtige, nutzbare Eigenschaften:

– Sie sind passiv geschützter, ihre Zweige werden weniger leicht abgebrochen.
– Sie können zur schützenden Einfriedung von Neupflanzungen, ökologischen Ruhezonen oder aus anderen Gründen nicht zu benutzender Bereiche verwandt werden.
– Sie erfüllen, wenn sie dicht genug sind, als Abgrenzungen gegen gefährliche Orte wie Straßen, Bahndämme, tiefere Gewässer etc. eine wichtige Schutzfunktion, indem sie Kinder auf natürliche Weise davon abhalten, unbedacht dorthin zu laufen.

Es ist besser, sich solch natürlicher Mittel zu bedienen, die zudem einen wichtigen Stellenwert in einem ökologischen System besitzen, als auf strenge Absperrungen, Gitter o. ä. zurückzugreifen, die allein die Verbotsabsicht mitteilen und damit zu Widerständen herausfordern, u. U. aufgeschnitten oder anders zerstört werden. Von Stacheldrahtzäunen und spitzen Holz- oder Metallzäunen als Einzäunung von Spielplätzen ist dringend abzuraten.

Gut geeignete Pflanzen sind:

Schlehen/Schwarzdorn	Prunus spinosa
Weißdorn	Crataegus
Brombeeren	Rubus fruticosus
Wildrosen	Rosa
alle strauchartigen Dorngehölze	

Spontanvegetation

Auf Spielplätzen und dort auch auf den eigentlichen Spielflächen siedeln sich von selbst immer wieder Wildkräuter und -stauden an. Da sie nicht geplant sind, sind sie meist unerwünscht, werden als Unkraut bezeichnet und in den Pflegevorgängen beseitigt. Diese „Spontanvegetation" auf den Spielflächen „... ist vegetationskundlich sehr interessant. Sie unterscheidet sich [...] in wesentlichen Punkten von der normalen anthropogenen Spontanvegetation in unseren Städten ..."[12], denn sie läßt Nutzungsarten und Nutzungsintensitäten, eine Intensivierung sowie eine Extensivierung der Nutzung erkennen.

„Eine typisch nutzungsbedingte Pflanzengesellschaft ist z. B. die Einjährigengesellschaft des Vogelknöterichs und der Strahlenlosen Kamille (Polygono-Matricarietum), die nicht nur hohe Trittbelastung verträgt, sondern sie sogar voraussetzt. [...] Eine typische extensivierungs- oder sukzessionsbedingte Pflanzengesellschaft sind die mehrjährigen Beifuß-Rainfarn-Stauden (Tanaceto-Artemisietum)"[13]. Diese können auftreten, wenn ein Spielgerät oder ein Spielgelände kaum mehr bespielt werden. Nimmt die Nutzung wieder zu, „wird sie durch andere Gesellschaften, zum Beispiel einen ausdauernden Wegerich-Weißklee-Weidelgrasrasen (Lolio-Plantaginetum) ersetzt".[14]

Folglich ist es sinnvoll, die auf einem Spielplatz auftretende Spontanvegetation als natürliche Reaktion der Natur auf die aktuelle Nutzung des Geländes zu verstehen und daran den momentanen Bedarf an dieser Spielfläche abzulesen. So können bestimmte Pflanzengesellschaften beispielsweise andeuten, daß der Spielplatz überflüssig geworden ist, weil sich z. B. die Altersstruktur der Kinder in diesem Wohngebiet geändert hat. Die Pflanzen sind also bei Bestandsaufnahmen, Bedarfsanalysen und für Planungen äußerst aufschlußreich. Es wäre sowohl für die Natur wie für die Kinder gewinnbringender, diese Pflanzen zu akzeptieren und zu deuten, anstatt sie immer wieder auszureißen.

Bestimmte Pflanzengesellschaften erlauben auch Rückschlüsse auf eine übermäßige Pflege; ihr Auftreten ist immer pflegebedingt. Es gibt sogar Pflanzen, die nur deshalb bestehen können, weil man sie in regelmäßig wiederkehrenden Pflegevorgängen zu beseitigen versucht, d. h. sie sind daraufhin selektiert. Durch intensive Pflege können so Pflanzen mit hoher Pflegeresistenz angesiedelt werden. Ein typisches Beispiel dafür ist die Ackerquecke (Agropyron repens) (ein anderes wäre die Ackerkratzdistel – Cirsium arvense –, die jedoch auf Spielplätzen kaum vorkommen dürfte), bei der durch „Pflegedruck" aus einer einzigen Pflanze u. U. riesige Sproßkolonien entstehen. Eigentlich zweijährige Pflanzen entwickeln, wenn sie durch das häufige Hacken am Blühen gehindert werden, ein enormes Wurzelwachstum.

Auf gar keinen Fall sollte man den ungewünschten Pflanzen mit chemischen Mitteln zu Leibe rücken, denn die Rückstände dieser Substanzen würden eine große

An einem vorbereiteten Randstreifen hat sich vielfältige Spontanvegetation entwickelt.

Gefahr für die spielenden Kinder darstellen. Aus vielen ökologischen Gründen, z. B. auf Grund ihrer Bedeutung für Insekten, Raupen, Spinnen, Vögel und viele andere Tiere sowie als Grundlage für sukzessiv sich ansiedelnde wertvolle Pflanzengesellschaften ist es wichtig, diese spontane Vegetation zuzulassen, zumal sie mit ihrer Formenvielfalt einen hohen Erfahrungs-, Erlebnis- und Spielwert für die Kinder hat.

Die Wichtigkeit und sinnlich-ästhetischen Qualitäten von sich durch Samenflug, Tiere, Wind und Wetter ansiedelnden Pflanzen sind in den letzten Jahren gerade durch die sog. Naturgärten wiederentdeckt worden. Auf naturnahen Spielplätzen sollte es zumindest einzelne Bereiche mit Spontanvegetation geben. Man kann die Ansiedlung von Spontanvegetationen natürlich auch bewußt fördern, indem man bestimmte Standorte dafür freihält und diese u. U. sogar entsprechend vorbereitet. Die Anlage oder das Belassen von nährstoffarmen, mageren oder nährstoffreichen, humosen, von trockenen, sandigen, kiesigen oder feuchten, lehmigen Zonen ermöglicht unterschiedliche Pflanzengesellschaften.

Ebenso können durch bauliche Maßnahmen wie z. B. besiedlungsfähige Dächer oder die Errichtung von Stein- u. Trockenmauern Kleinklimazonen und Siedlungsräume geschaffen werden. Dies sind immer Experimente, aus denen Planer und Gärtner aber wichtige Erkenntnisse für ihre weitere Arbeit in dieser Region gewinnen können.

Viele Menschen stören sich an dem „ungeordneten, wilden, ungepflegten" Aussehen der Spontanvegetation, doch sind diese Einschätzungen häufig von einem bestimmten Formenempfinden geprägt, das sich an im Grunde unnatürlichen Ziergärten orientiert, die mit einer lebendigen Natur nur noch wenig zu tun haben. Spontanvegetation, Wildwuchs und naturnahe Gestaltung enthalten eine natürliche, sehr flexible, lebendige Ordnung, die mit der Bodenbeschaffenheit, den klimatischen Bedingungen und dem Nutzungsverhalten durch Menschen und Tiere korrespondiert. Eine positive und verantwortliche Garten- und Landschaftskultur sollte ökologisch sinnvoll sein und mit der Ästhetik der Natur, nicht gegen sie, arbeiten.

Giftpflanzenproblematik

Nicht die Pflanzen selbst sind gefährlich,
sondern unser Unwissen und das unserer Kinder,
vor allem aber unsere Unfähigkeit, damit umzugehen.

Kleinkinder und orale Welterfahrung

Im Gegensatz zu Erwachsenen, die die Natur hauptsächlich mit den Augen wahrnehmen, suchen Kinder einen direkten Kontakt zu den Dingen. Ihre Wahrnehmung vollzieht sich stärker über Tast- und Geschmackssinn, weshalb sie Pflanzen berühren, spielerisch zerlegen und untersuchen möchten. Besonders kleine Kinder, die sich noch in der oralen Phase befinden, nehmen gern alle möglichen Dinge und eben auch Pflanzen bzw. einzelne Teile davon in den Mund, lutschen daran, kauen darauf herum und schlucken sie manchmal hinunter. Dies kann zu interessanten und positiven Erfahrungen führen, aber auch unangenehme oder sogar gefährliche Folgen haben.

Dabei kann man sich bei Kindern, vor allem Kleinkindern, nicht auf den schlechten Geschmack von bestimmten Pflanzen bzw. deren Blüten oder Früchten verlassen. Wie die Erfahrung gezeigt hat, ist dies häufig kein Hinderungsgrund für Kinder, sogar größere Mengen dieses Stoffes zu verzehren. Offensichtlich sind die Geschmacks- und Erfahrungsmuster mit den entsprechenden Beurteilungskriterien noch nicht entwickelt.

Früher, als die Natur noch nicht so sehr aus den Städten ausgegrenzt war, existierte ähnlich wie auf dem Land ein allgemein verbreitetes Wissen über die Genießbarkeit, Verwendbarkeit und Verträglichkeit von Pflanzen. Dieses Wissen wurde von den Erwachsenen an die Kinder und von den größeren an die kleineren Kinder weitergegeben, oder aber man paßte an den entsprechenden Wachstumsplätzen auf die Kleinkinder auf. Diese Kenntnisse sind weitgehend verlorengegangen.

Die Relativität der Giftigkeit

Daß Giftigkeit eine relative Größe ist, hat bereits vor über 400 Jahren Paracelsus formuliert: „Alle Dinge sind Gift, und nichts ist ohne Gift. Allein die Dosis macht, daß ein Ding kein Gift ist!" Tatsächlich sind die Übergänge zwischen Heil- und Giftpflanzen, zwischen Verträglichkeit und Unverträglichkeit fließend. „Ob und wie stark eine bestimmte Wirkstoff-Dosis bei einem Menschen als Gift wirkt, hängt auch von seinem Alter, seiner Konstitution und seinem Gesundheitszustand ab". Außerdem hat „... nicht jede Pflanze der gleichen Art den gleichen Wirkstoffgehalt. [...] In Abhängigkeit vom Erbgut (Unterarten, Rassen), vom Standort, vom Klima und Wetter, vom Alter und von der Vegetationsperiode der Pflanze unterliegen die Wirkstoffmengen Schwankungen. Auch die verschiedenen Organe einer Pflanze (z. B. Wurzel, Stengel, Blätter, Blüten, Früchte) können verschiedene Wirkstoffe bzw. Wirkstoffmengen enthalten. [...] Zur Vergiftung mit sogenannten Giftpflanzen kommt es nur, wenn die kritischen Wirkstoffe in genügend hoher Dosierung im oder am Körper einwirken können. Glücklicherweise verhindert ein spontanes Erbrechen (körpereigener Schutzmechanismus) in vielen Fällen, daß eine solche giftige Wirktoff-Konzentration entsteht."[15]

Damit erweist sich die allgemein verbreitete Definition: „Zur Gruppe der Giftpflanzen gehören solche Bäume, Sträucher und krautige Pflanzen, deren Inhaltsstoffe bei Menschen und Tieren Gesundheitsstörungen hervorrufen können" als ziemlich ungenau und relativ unbrauchbar. Man denke hierbei nur an die Wirkungsmöglichkeiten unreifer Äpfel und Stachelbeeren, insbesondere wenn nach dem Verzehr Wasser getrunken wurde und schwere Koliken auftreten. Beschwerden können auch nach dem Genuß von Tomaten oder Erdbeeren auftauchen, und viele Personen vertragen das eine oder andere Gemüse nicht oder leiden unter Allergien. Schließlich enthält die Kartoffel in all ihren Teilen das giftige Alkaloid Solanin und doch wird sie als Nahrungsmittel und nicht als Giftpflanze behandelt.

Sicherheit durch Wissen

„Die Angaben über die Giftigkeit bestimmter Pflanzenteile [...] müssen recht kritisch betrachtet werden", forderte der ehemalige Leiter des Botanischen Gartens Köln und Experte zum Thema ‚Pflanzen auf Spielanlagen', Dr. Harro Koch. So kam es nach seinen Beobachtungen „immer wieder vor, daß insbesondere Kinder nach dem Genuß ‚unbekannter' Früchte dem Arzt vorgeführt werden und daß dieser – schon aus Gründen der Sicherheit – den ‚Vergifteten' den Magen auspumpt oder zum Erbrechen anregt. In der Regel [...] handelt es sich dabei um durchaus verträgliche Früchte [...]."[16]

Doch auch bei den sogenannten Giftpflanzen sind die Art, der Grad und die Auswirkungen der Giftigkeit oft nicht eindeutig und endgültig zu klären. Da die sehr unterschiedlichen Umwelt- und Wuchsbedingungen einen großen Einfluß auf

Kinder müssen lernen, zwischen eßbaren Früchten und ungenießbaren oder giftigen zu unterscheiden.

den Stoffhaushalt einer Pflanze haben, gestalten sich solche Forschungen äußerst kompliziert. Zudem konnten in der medizinischen Praxis vermeintliche Vergiftungserscheinungen bei Kindern oft nicht eindeutig und zweifelsfrei auf die jeweils angenommene Pflanze zurückgeführt werden. Häufig waren für die Symptome ganz oder teilweise andere Ursachen verantwortlich.

Aus diesen Gründen gehen die Meinungen darüber, welche Pflanzen für Kinder gefährlich und daher für Spielplätze ungeeignet sind, weit auseinander. Auf der einen Seite gibt es die Haltung, die nicht nur alle hochgiftigen Pflanzen, sondern ebenso solche mit unangenehmen Folgeerscheinungen bei körperlichem Kontakt verbannt wissen möchte. Gewächse, die bei Berührung brennen oder stechen und Pflanzen mit Bestandteilen, seien es Wurzeln, Rinden, Blätter, Blüten oder Früchte, deren Verzehr zu Unverträglichkeit führen kann, sollten ihrer Ansicht nach auf Spielplätzen verboten sein.

Die andere Seite warnt vor einer solchen, in ihren Augen „übertriebenen Vorsicht" und betont, daß auch negative Erfahrungen, sofern sie nicht zu dauerhaften Schäden führen, für die Entwicklung der Kinder pädagogisch wichtig seien. Sie plädiert dafür, daß die Kinder, je nach Altersstufe, rechtzeitig lernen sollten, Unbekanntes nicht einfach in den Mund zu stecken bzw. welche Teile welcher Pflanze genießbar sind und welche auf keinen Fall. Diese Position sieht sich immer wieder dem Vorwurf einer „Verharmlosung der Gefahren" ausgesetzt.

Zweifellos geht die letztgenannte Partei das Problem wesentlich gründlicher an. Denn „selbst wenn es möglich wäre, gifthaltige Pflanzen aus den öffentlichen Anlagen, in denen Kinder spielen, gänzlich zu entfernen, so fänden sich doch immer noch sogenannte Giftpflanzen in privaten Gärten, deren Bewuchs an öffentliche Wege oder Plätze heranreicht, oder in der natürlichen Landschaft um Dörfer und Städte. Der Umgang mit der Natur muß also in jedem Fall gelernt werden."[17]

Diese Meinung vertreten ebenfalls und nicht zuletzt aus ökologischen und pädagogischen Gründen die ‚Ständige Konferenz der Gartenbauamtsleiter beim Deutschen Städtetag' sowie der ‚Bundesverband Garten-, Landschafts- und Sportplatzbau'.[18]

Da die Vielzahl an amtlichen Erlassen und Bekanntmachungen mit ihren unterschiedlichen Bewertungen zu einiger Verwirrung und übertriebenen Ängsten geführt hat, befürworten beide Institutionen ebenso wie die ‚Hessische Arbeitsgemeinschaft für Gesundheitserziehung' eine realistischere und praxisnähere Form der Handhabung. Diese orientiert sich weniger an rein theoretisch denkbaren Gefährdungen, als mehr an den (wenigen) wahrscheinlichen bzw. naheliegenden Gefahren mit schwerwiegenden Folgen. Dabei bezieht man sich auf langjährige Erfahrungen, die z. B. aus den Statistiken der Giftinformationszentralen abgeleitet werden konnten.

Eindringlich wird in Fachkreisen vor dem Versuch gewarnt, alle irgendwie bedenklichen Pflanzen vollkommen zu beseitigen, um dann die Parole auszugeben: ‚Alle vorgefundenen Pflanzen sind unbedenklich und können gegebenenfalls gegessen werden'. Dies ist unmöglich, zudem unökologisch und extrem gefährlich, da dadurch die individuellen Selbstsicherungsmechanismen ausgeschaltet werden würden.

So wichtig es ist, die wenigen wirklichen Giftpflanzen ernst zu nehmen, so notwendig ist es, die Relationen nicht aus den Augen zu verlieren: Vergiftungen, geschweige Todesfälle, die durch den Verzehr von Pflanzenteilen hervorgerufen wurden, sind äußerst selten (Eine Ausnahme sind Pilzvergiftungen, die in diesem Zusammenhang aber keine Rolle spielen), ganz im Gegensatz zu der hohen Zahl an Intoxikationen durch chemische und pharmazeutische Produkte.

Daher muß immer im spezifischen Einzelfall entschieden werden, welche Pflanzen für welche Spielbereiche geeignet sind. Hier sind botanisch und pädagogisch qualifizierte Planer gefragt.

Auch „bedenkliche" Pflanzen sind wichtig

Zwar sollten auf oder in der Nähe von Spielplätzen keine äußerst giftigen, d.h. keine Pflanzen mit schwerwiegenden oder langandauernden, ev. sogar irreparablen negativen Folgen wachsen, doch Gewächse mit relativ unproblematischen und lediglich unangenehmen Auswirkungen bei „falscher Kontaktaufnahme" können sehr sinnvoll sein. So ist der Schaden oft weitaus größer als der beabsichtigte Nutzen, wenn z. B. Pflanzen mit Früchten verboten werden, deren „Gefahr" lediglich darin besteht, daß beim Verzehr großer Mengen Übelkeit und Erbrechen auftreten können.

Oft wird das Argument gebracht, daß auch ohne in irgendeiner Form bedenkliche Pflanzen eine vielfältige Flora herzustellen ist. Dies ist nur teilweise richtig. Die Negativlisten über Pflanzen sind häufig sehr lang, weshalb der ökologische Verlust bei einem Verzicht groß wäre. Zudem darf nicht vergessen werden, daß jede Pflanzenart einzigartig und unersetzbar, Teil eines ökologischen Systems und damit Lebensraum für eine spezifische Tierwelt ist.

Für eine Verwendung bzw. Duldung solcher nur relativ problematischer Gewächse – und ebenso von Unkraut und Wildwuchs – sprechen einige gewichtige Punkte. Wie alle anderen Pflanzen besitzen auch sie einen Wert als Wahrnehmungs-, Beobachtungs- und Erlebnisgegenstand. An ihnen sind besondere Farben und außergewöhnliche Formen und Strukturen zu entdecken. Je vielfältiger die Umwelt, desto reichhaltiger sind die Eindrücke auf die Personen, die sich in ihr bewegen, und desto stärker sind die Anregungen für deren Sinne, Gefühle und Intellekte. Es ist wissenschaftlich erwiesen, daß die Eindrücke aus der Umwelt, die das Kind in den ersten Lebensjahren empfängt, von ganz entscheidender Bedeutung für die Entwicklung seiner sensitiven, emotionalen und kognitiven Fähigkeiten sind.

Neben ökologischen, sozialen und entwicklungspsychologischen gibt es auch pädagogische Gründe für eine solche Praxis. Es ist wichtig, daß Kinder mit ihrer Umwelt nicht nur angenehme Erfahrungen machen, die eine vollständige Benutz-, Beherrsch- und Konsumierbarkeit der Natur vorstellen würden. Da das Kind seinen Platz in seiner Lebenswelt finden muß, ist eine Auseinandersetzung mit ihr notwendig. Die Erfahrung, daß nicht alles willkürlich zu benutzen ist, daß Gefahren lauern, mahnt zur Vorsicht, motiviert zum Respekt vor der Mitwelt und erzieht zur Selbständigkeit. Es kann heilsam sein, auf etwas Bitteres gebissen oder sich die Finger an Brennesseln verbrannt zu haben. Genauso wie das Kind richtig fallen können muß, um laufen zu lernen, ist es für das Leben wichtig, rechtzeitig die Notwendigkeit von Vorsichtsmaßnahmen zu begreifen.

Nicht zuletzt vermittelt sich dadurch die Erkenntnis, daß Wissen notwendig und kompliziert, aber oft auch die Voraussetzung für Schönheit und positive Erfahrungen ist: Die Pflanze schmerzt, wenn man sie berührt, doch sie ist schön anzuschauen. Eine andere sieht unscheinbar aus, dafür schmeckt sie so gut. Eine ökologisch vielfältige Natur ist also subjektiv wertvoll, wenn man weiß, welche Möglichkeiten sie besitzt und wie man mit ihr umgehen muß.

In größeren Freiflächen ist es möglich, unter bestimmten planerischen Voraussetzungen sog. problematische Pflanzen zu akzeptieren. Diese sollten sich nicht in unmittelbarer Nähe des Spielgeschehens, der Gehwege etc., sondern an eher abseits gelegenen Stellen befinden. Auch in einer Art Wildnis, zwischen hohem

Gras oder hinter Gestrüpp verborgen, dürfte offenkundig sein, daß Pflanzen nicht beliebig gegessen werden können. Eventuell aufgestellte Hinweistafeln können Erwachsene und größere Kinder hier zur Vorsicht anhalten.

Liste der indizierten Pflanzen – (nach DIN 18034)

Der DIN-Auschuß, der die DIN 18034 erarbeitet hat, hat sich den Argumenten für eine realitätsnahe und damit sicherere Praxis angeschlossen und nur die Anpflanzung von vier wegen ihrer Früchte auf Kinder besonders anziehend wirkenden Gehölzarten genannt, die nicht gepflanzt werden sollen:

In der DIN 18034 Abs. 5.4 heißt es:

„Giftpflanzen:

Im Bereich von Freiflächen zum Spielen dürfen folgende Pflanzenarten nicht gepflanzt werden.

Pfaffenhütchen	Euonymus europaea
Seidelbast	Daphne mezereum
Stechpalme	Ilex aquifolium
Goldregen	Laburnum anagyroides

Landesrechtliche Vorschriften bleiben davon unberührt."[19]

Anmerkung zu Kleinkinderbereichen

Aus und in der Nähe von Spielbereichen für Kleinkinder werden häufig nicht nur die in der DIN 18034 genannten, sondern eine oft sehr viel größere Anzahl von Pflanzen verbannt, weil sie in irgendwelchen Listen pauschal als Giftpflanzen bezeichnet worden sind. Insbesondere gelten solche als problematisch, deren Blüten, Früchte etc. Ähnlichkeiten mit genießbaren Pflanzen aufweisen wie z. B. die Heckenkirsche, oder auf andere Weise (Farbe; Beerenform) besonders anziehend auf Kinder wirken.

Eine definitive Empfehlung bzw. Liste ist auf Grund der unterschiedlichen Gegebenheiten vor Ort (klimatische und geologische Bedingungen; ökologisches und pädagogisches Bewußtsein) nicht möglich. Wer eine solche Liste fordert, muß sich bewußt machen, daß z. B. auch genießbare Früchte in unreifem Zustand nicht in größeren Mengen gegessen werden sollten.

In Spielbereichen für Kleinkinder muß im allgemeinen von der Wahrnehmung einer Aufsichtspflicht ausgegangen werden. Vielen Betreibern erscheint es jedoch aus praktischen Gründen (Unkenntnis der beaufsichtigenden Personen über die Pflanzen) ratsam, vorbeugend gewisse Pflanzen zu entfernen, insbesondere innerhalb des direkten Kleinkinderbereichs. Da sich diese durch Samenflug immer wieder ansiedeln können, wird oft angeordnet, alle 2–4 Jahre eine Kontrolle und ev. Beseitigung durchzuführen.

Goldregen

Ob und in welchem Umfang eine solche Maßnahme notwendig ist, kann nicht grundsätzlich entschieden werden. Ein solcher Schritt sollte immer im Einzelfall geprüft werden. Keinesfalls darf sich die Absicht in ihr Gegenteil verkehren, indem durch eine radikale Beseitigung bestimmter Pflanzen ein gedankenloses Verhalten der Eltern wie der Kinder herbeigeführt wird. Bei keiner Pflanze, ja nicht einmal bei Nahrungsmitteln (rohe Bohnen, Obst, Gewürze) ist alles in jeder Menge genießbar! Nur Wissen schützt und dieses muß erlernt werden. Kleinkinder sollen lernen, nicht alles in den Mund zu stecken und müssen deshalb zur Vorsicht vor Unbekanntem angehalten werden – nicht nur auf dem Spielplatz.

Die oft übertriebenen Maßnahmen in öffentlichen Bereichen erscheinen gerade dadurch absurd, daß in privaten Hausgärten ein ganz anderer Maßstab zu gelten scheint. Es ist einigermaßen erstaunlich, daß auf Spielplätzen entfernt werden soll, worin zu Hause niemand eine Gefahr erblickt. Mit Goldregen, Efeu, Maiglöckchen etc. im eigenen Garten können die meisten Familien offensichtlich gut leben.

Pflanz- und Pflegehinweise

Pflanzenmenge

Es empfiehlt sich, bei Pflanzen nicht zu sparen. Zwar gilt bei Jungpflanzen allgemein das Verhältnis von höchstens einer Pflanze je m², aber wenn eine fortlaufende Pflege sichergestellt ist, empfiehlt sich für Spielplätze oft die Regel, eher mehr als zuwenig und, soweit möglich, in größeren Gruppen zu pflanzen.

Denn die Wuchsbedingungen sind auf einem Spielplatz nicht optimal; die Pflanzen werden immer wieder durch Spiele strapaziert. Dahinter steckt meist keine negative Absicht. Die Kinder wollen die Pflanzen erforschen, als Bau- und Spielmaterial benutzen. Man sollte daher Beschädigungen und Verluste einkalkulieren und dies bei der Pflanzenauswahl, der Menge und der Pflanzung berücksichtigen. Bei besonders gefährdeten Stellen empfiehlt sich außerdem die Verwendung von robusten, kräftigen Solitärpflanzen.

Bäume

Nadelbäume empfehlen sich nur selten für Spielplätze. Laubbäumen ist u. a. auf Grund ihrer klimaverbessernden Bedeutung eindeutig der Vorzug zu geben.

Die DIN 18034 betont ausdrücklich, daß Bepflanzungen zum Spiel anregen sollen und regt an, Bäume als natürliche Klettermöglichkeiten bewußt anzubieten: „Heister, Solitäre mit niedrigem und stabilem Astansatz sollten das ursprüngliche Klettern auf Bäume erleichtern".[20]

Solche Pflanzbecken engen früher oder später das Wurzelwachstum ein. Bei Hitze trocknen sie zu schnell aus. Bei Regen wird über das Blätterdach das Wasser neben dem Becken abgeleitet. Mangelhaftes Bodenleben. Der Baum verkümmert auf Grund dieser mangelhaften Standortbedingung.

Frei- und alleinstehende Bäume werden allerdings durch intensives Beklettern und andere Spielaktivitäten besonders stark strapaziert. Falls die Belastung gering gehalten oder verringert werden muß, damit die Bäume nicht kaputt gehen, sollten sie von relativ dichten Strauchgruppen oder Hecken umgeben werden.

Die Pflanzung von Kletterbäumen ist insofern schwierig, als sich dafür nur hartholzige Arten eignen, aber gerade diese zu langsam wachsen und deshalb oft frühzeitig kaputtgespielt werden. Mehrstämmige, mit reichem und tief herunterreichendem Astwerk (Heister) wie z.B. Feldahorn und Hainbuchen sind am besten zu empfehlen. Es ist sinnvoll, einerseits nicht zu kleine Bäume zu pflanzen und andererseits eine vorerst nicht zum Spielen freigegebene und durch Strauchgruppen geschützte Pflanzung anzulegen. Letzteres ist freilich nur bei einem genügend großen Gelände oder einer erst für die Zukunft geplanten Spielnutzung (frühzeitige Anpflanzung bei Neuanlagen!) möglich.

Bäume, die bewußt als Klettermöglichkeit gepflanzt oder erhalten werden, sind eindeutig keine konstruierten und baulich hergestellten Spielgeräte mit einem entsprechenden DIN-Sicherheitskatalog (z.B. Öffnungsmaße). Wer einen Baum erklettert, geht bewußt ein daraufhin kalkuliertes Risiko ein.

Allerdings müssen Bäume regelmäßig auf bestimmte allgemeine Sicherheitserfordernisse hin überprüft werden. Wie alle Bäume auf einem Spielplatz müssen sie regelmäßig auf morsche und brüchige Äste hin untersucht werden, insbesonders wenn eine Nutzung als Klettergerät wahrscheinlich oder bekannt ist.

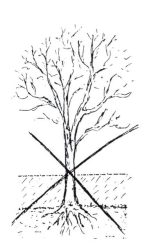

Solche Aufschüttungen führen zum Absterben des Baumes.

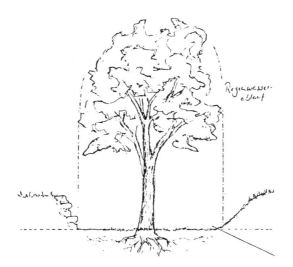

Statt dessen: Mulde um Baum herum lassen. Aufschüttung ev. mit Stützmauer, Findlingen, Gehölzpflanzungen abstützen.

Aufschüttung mit Grobkies möglich.

Sträucher

Auch nach der DIN 18034 sind Gehölze mit genießbaren Früchten zu begrüßen, da diese „Spielwert und Naturerlebnis erweitern".[21] Dazu zählen nicht nur Beerensträucher, sondern ebenfalls Obstbäume, eingebunden in eine Hecke oder solitär, als Spalierobst[22] an einer Fassade oder vielfältig verteilt in der traditionellen und wiederzubelebenden Form der Streuobstwiese.

Sträucher werden gerne, vor allem, wenn sie in Gruppen gepflanzt sind, für Versteck- und Häuserspiele benutzt. Wild wuchernde, widerstandsfähige und schnell nachwachsende Arten eignen sich hierzu besonders gut. Da es ratsam ist, einen gewissen Verlust einzukalkulieren, sollte man am Anfang eine größere Anzahl pflanzen. Dabei empfiehlt sich u. U. eine dichte ringförmige oder eine mehrfache wallartige Anordnung, um die innen bzw. dahinter stehenden Gehölze zu schützen. Während vor allem der äußere Pflanzenbereich stark bespielt wird, können die geschützten Zonen die ersten wichtigen Wachstumsphasen leichter überstehen.

Sträucher mit Dornen oder Stacheln sind als Abgrenzungen gegenüber Bereichen geeignet, die nicht oder nur mit erhöhter Aufmerksamkeit betreten werden sollen. Spielende Kinder können durch die Natur am unbedachten Betreten gefährlicher Orte, z. B. von tiefen Gewässern, Straßen oder Bahndämmen, bewußt gehindert werden, wenn die örtliche Situation und die Planung es ermöglichen.

Im direkten bewegungsintensiven Spielbereich, z. B. in unmittelbarer Nähe von Spielgeräten, sind Stacheln und Dornen zu vermeiden.

Für Bäume und Sträucher empfiehlt sich ein Wechsel von lockeren und dichteren Pflanzungen, um Rollenspiele anzuregen, eine differenzierte Raumbildung und Sichtschutzbereiche herzustellen. Dadurch sollten zudem sowohl sonnige wie schattige Stellen geschaffen werden.

Allerdings muß hier erneut vor Willkürlichkeiten oder einer Möblierung mit Naturelementen (vergleichbar der unseligen Möblierung mit Spielgeräten) gewarnt werden. Je leichter, gelungener, ja unbeabsichtigter die Gestaltung wirkt, desto besser war die Planung. Ein Ort, der mit jedem Element die dahinterliegende Absicht zeigt oder sogar hinausposaunt, ist nur selten befriedigend.

Hecken

Sie sollten in der Regel nicht geradlinig und wandartig gepflanzt werden, sondern als freiwachsende Hecken unregelmäßig angelegt werden, so daß Nischen und kleinteilige Spielecken entstehen. Die Sträucher sollten von Ende Oktober bis Ende März, also während der blattlosen Zeit angelegt werden, allerdings nicht bei gefrorenem Boden. Dieser muß meistens nicht besonders vorbereitet werden, bzw. ist die Auswahl der Gehölze darauf abzustimmen.

Eine artenreiche Hecke ist wertvoller als kurzgeschnittenes Einheitsgrün.

Bei einreihig gepflanzten Hecken werden in Abhängigkeit zur Pflanzengröße 1–3 Pflanzen pro Meter in einen spatentiefen und spatenbreiten Pflanzgraben gesetzt. Zuvor wurde der Untergrund in doppelter Spatentiefe so vorbereitet, daß er nicht zu dicht und zu lehmig ist. Zweireihige Hecken sollte man nicht parallel nebeneinander – außer man strebt genau diese Gestaltungsweise an –, sondern schräg versetzt pflanzen, damit sie auch wirklich dicht werden. Der Abstand zwischen den Sträuchern beträgt ca. 50–100 cm. Verwendet man zwischen starkwachsenden auch schwächerwachsende Gehölze, sind diese nicht allein, sondern als 3er–5er Gruppe zu pflanzen, damit sie bessere Lebenschancen haben.

Bei der Planung müssen die erzielbaren Wirkungen (Abschirmungen, Nischen, beabsichtigte Unterbrechungen und Durchblicke, Farbenspiele und -kompositionen) überlegt und entsprechend umgesetzt werden (z. B. Einzel-, Reihen- oder Gruppenpflanzungen gleicher, ähnlicher, alternierender oder kontrastierender Arten).

Bei der späteren Pflege ist insbesondere darauf zu achten, daß nicht zu nahe an die Sträucher heran und auf gar keinen Fall zwischen ihnen gemäht wird. Werden die Rinden beschädigt, kann dies zum Absterben der Pflanze führen. Vor der Hecke aufgeschichteter Astschnitt ist hier ein guter Schutz. Krautiger Wildwuchs in der Hecke schützt den Boden vor Austrocknung und sollte als Bereicherung verstanden werden, außer er nimmt so überhand, daß er die Gipfeltriebe überwuchert und die Pflanze gefährdet.

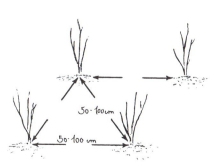

Für einreihige Hecken eignen sich: Hainbuchen, Hartriegel (unterschiedliche Arten), Kornelkirsche, veredelte Haselnüsse, Felsenbirnen, schwarzer Holunder, Feldahorn, Weißdorn, Sanddorn etc. Für zweireihige Hecken sind zu empfehlen: Mispel, Schmetterlings- und Spiersträucher, Flieder, verschiedene Weidenarten (z.B. Sal-, Örchen Reifweide), Scheinquitte, Wild- und Zierapfel, Wildrosen, Deutzie, Hibiscus, Zaubernuß uva.[23]

Rasen

Auf einem Spielgelände wird weder ein monotoner Zierrasen noch eine angesäte Blumenwiese Bestand haben. Der *Spielrasen* mit seinen robusten Grassorten und nicht zu verhindernden braunen Stellen entspricht zwar nicht den Vorstellungen eines „gepflegten" Grüns, ist aber dennoch als adäquater, natürlicher Boden ökologisch wertvoll. Auch wenn er noch so braun ist oder nach längerer Trockenheit verdorrt aussieht, er braucht deshalb nicht gewässert zu werden und er regeneriert sich spätestens im folgenden Jahr.

Für eine Spielrasenfläche gilt, was schon unter dem Punkt ‚Spontanvegetation' ausgeführt worden ist (vgl. S. 32ff). Durch die Nutzung bzw. unter der Belastung entwickelt sich eine bestimmte Spontanvegetation, die robuster als alle Rasengräser ist und keine Pflege benötigt. Der Spielrasen wird zu einer Wiese, nur nicht zu einer Blumenwiese.

Der Spielrasen und der unter ihm befindliche Oberboden sind auch wichtig als Erlebnis- und Erfahrungsfelder; man kann darauf liegen, daran riechen und diesen Lebensraum beobachten und untersuchen. Weder ein bitumierter noch sonstwie befestigter oder künstlicher Bodenbelag besitzt annähernd eine solche Vielfalt.

Wenn es möglich und sinnvoll ist, sollte man bestimmte Teile der Rasenfläche an geeigneten Bereichen (z.B. dort, wo aller Voraussicht und Erfahrung nach weniger intensiv gespielt wird) seltener, max. 2mal pro Jahr, an Trockenstandorten nur 1mal im Jahr, schneiden. Durch eine extensivere Rasenpflege werden wichtige Wildkräuter gefördert.[24] Zusätzlich entsteht so ein qualitätvoller Bereich, der zu vielen Erfahrungen animiert; Wiesenblumen, Kleintiere, Schmetterlinge etc. können hier beobachtet werden. Solche lebendigen *Wildwiesen* sind gerade auch für Kleinkinder viel interessanter als kurz geschnittene Rasenflächen, weshalb sie eigentlich immer vorhanden sein sollten.

Einzelne Flächen können auch als *Magerwiesen* und *Ruderalzonen* angelegt werden. Solche Bereiche bieten die notwendigen Vegetationsvoraussetzungen für Pionierpflanzen und sukzessive sich ansiedelnde Stauden, für bestimmte Wildkräuter und -gräser wie z.B. für Wegwarte und Huflattich bei trockenem Standort und für die Wilde Malve und den trittfesten Breitwegerich bei einem eher feuchten, nährstoffreichen Standort. Manche Pflanzen bevorzugen eher eine geschützte Lage, andere brauchen Trittbelastung, die es z.B. bei sich entwickelnden Pfaden gibt. Um Ruderalbereiche zu schaffen, genügt es, eine schotterige, steinige und kiesige Fläche anzulegen. Oft sind sie schon vorhanden, man müßte sie nur belassen. Das Material fällt oft bei Bau- und Abraummaßnahmen ohnehin an, ist also nicht aufwendig zu beschaffen.

Pflanzen an Wasserspielbereichen

Bisweilen müssen sehr stark bespielte Bäche, Teiche und die dort siedelnden Pflanzen geschützt und entlastet werden, damit die Natur eine Überlebenschance hat. Eine Lösung kann darin bestehen, in der Nähe eine Wasser-Matsch-Spielanlage einzurichten. Damit werden die Kinder teilweise von den empfindlichen natürlichen Spielorten weggelockt und in größerem Umfang an einen robusteren Spielbereich gebunden.

Nur teilweise hat es sich auf Spielplätzen bewährt, eine wasserliebende Vegetation wie Schilf- und Bambuspflanzen einzubringen. Das Spielverhalten ist an Wasser-Matsch-Anlagen im Sommer häufig zu intensiv, so daß die Pflanzen absterben. In Kindergärten kann die Nutzung von den Betreuerinnen beeinflußt werden, weshalb sich in Teilbereichen eine artenreiche Pflanzenwelt erhalten kann. Besser ist es, auf kleinen Spielplätzen feuchtigkeitsliebende, robuste Pflanzen wie insbesondere Weiden zu setzen oder die Natur selbst gestalten zu lassen. Was dann wächst, ist fast immer am geeignetsten.

Tatsächlich siedeln sich an und in der Nähe von Wasserspielgeräten häufig feuchtigkeitsliebende Pflanzen mit hoher Regenerationsfähigkeit an. Die beim Spiel entstehende Nässe schafft ideale Standortbedingungen für bestimmte Kulturen wie z.B. Weiden, Pappeln und Grauerlen.

Nicht selten beseitigt man diese Pflanzen in Folge eines Planungs- und/oder Pflegekonzeptes mit erheblichem Aufwand, was für die Natur wie für das Spiel gleichermaßen bedauerlich ist. Gerade diese Pflanzen lassen sich gut bespielen, denn man darf Äste und Blätter abbrechen, um sie als Baumaterial oder für Schiff-Spiele zu verwenden, und stutzt dabei die Pflanze immer wieder zurück.

An solchen Stellen kann sich folglich ein nutzungsabhängiges, flexibles Gleichgewicht entwickeln (natürlich bestimmt von den besonderen Bedingungen eines Spielplatzes, der jedoch zugleich die günstigen Wuchsbedingungen gewährleistet). Das spielende Kind und die sich ausbreitende Pflanze sind hier quasi Partner in einem ökologisch gesunden System. Wie es bei solchen Systemen üblich ist, widersprechen sie mancher Vorstellung von einem aufgeräumten, sauberen Spielplatz. Dafür ist ein solches natürliches System viel lebendiger und wertvoller.

Im Umfeld von Wasserspielgeräten siedelt sich gerne feuchtigkeitsliebende Vegetation an, die auch als Spielangebot geeignet ist.

Schutz von jungen und empfindlichen Pflanzungen

Auf Grund der besonderen Verhältnisse auf Spielplätzen müssen Neupflanzungen meist für eine gewisse Zeit von zu großem Nutzungsdruck befreit werden. Jungpflanzen können mit Holz- oder Metallzäunen geschützt werden. Bepflanzt man diese mit robusten Kletterpflanzen und verleiht ihnen somit eine zusätzliche, positive Aufgabe als Kletterhilfe, werden sie weniger als Einschränkung empfunden.

Zäune sollten immer so gestaltet sein, daß sie positive Absichten vermitteln und damit nicht zu Gegenreaktionen und aggressivem Verhalten herausfordern.

Frische oder bereits bestehende Pflanzungen (bes. empfindliche Arten) können auch durch zusätzliche, robustere Pflanzenarten (ev. mit Dornen und Stacheln) geschützt werden. Dies ist der bessere und kreativere Weg (Überhaupt sind lebendigere und flexiblere Lösungen fast immer wirkungsvoller). Sträucher und Büsche werden hier in mehreren Reihen (oder Ringen) gepflanzt. Sollten diese Schutzpflanzungen im Lauf der Zeit abgespielt werden, bleiben die dahinterliegenden Jungpflanzen meist solange geschützt, bis sie gut eingewachsen sind.

Gegebenenfalls ist es sinnvoll, zusätzlich einen Zaun in eine Pflanzreihe hinein (Variante 1) oder zwischen zwei Reihen (Variante 2) zu setzen. Sind die Pflanzen kräftig genug, kann der Zaun entfernt werden. Wenn Bäume und Sträucher von einer Sitzmauer oder Bänken umgeben sind, kann z. B. ein ständiges Überfahren des Wurzelbereichs durch Fahrräder vermieden werden.

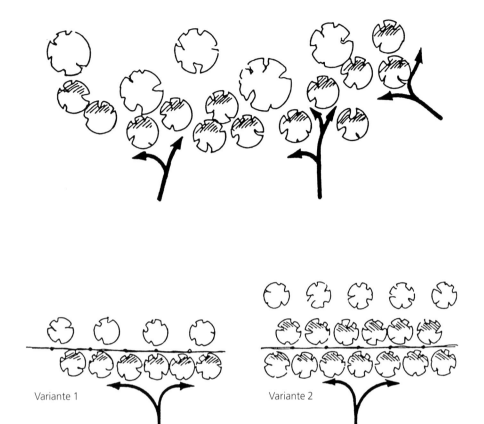

Variante 1   Variante 2

Zielsetzung von Unterhalt und Pflege

Ein guter Spielplatz ist nie etwas Fertiges und Abgeschlossenes, sondern ein flexibles und wandelbares System. Die Kinder und ihre Spielbedürfnisse verändern sich im Lauf der Zeit und das soziale Umfeld ist einem dauernden Wechsel unterworfen. Wenn der Spielplatz gut geplant und angelegt ist, fängt bzw. nimmt er diese Veränderungen auf. Ist er schlecht durchdacht und wird dauernd gegen die Nutzung gepflegt, entstehen Unzufriedenheiten und Zerstörungen.

Deshalb ist das Pflegepersonal, die Gruppe, die das Spielverhalten vor Ort erlebt und sich mit dessen Auswirkungen auseinanderzusetzen hat, besonders wichtig. Dieser Personenkreis sollte:

- Kenntnis von den Gestaltungskriterien und der Zweckbestimmung haben: Für welche Altersgruppen ist der Spielplatz geplant? Was wurde warum und wofür gepflanzt? Welche Benutzbarkeit haben die Pflanzen?
- diese Zielsetzung aktiv und kreativ mittragen und daher die Aufgabenstellung auf einem Spielplatz nicht nur als Grünpflege, sondern auch als Spielpflege verstehen;

– notwendige oder sinnvolle Änderungen bzw. Ergänzungen vornehmen, z. B. durch zusätzliche Pflanzungen, die den Jahreszeitenaspekt vervollständigen oder einen neuen, hohen Erlebnis- und Spielwert besitzen. Durch relativ einfache Maßnahmen, z. B. indem man das Gras in Randbereichen höher wachsen läßt, können häufig wichtige Erlebnisbereiche erschlossen und Spielimpulse geschaffen werden;

– auf Veränderungen z. B. der Nutzerstruktur, der Altersgruppen flexibel reagieren, indem beispielsweise bei verringerter Strapazierung von Pflanzen empfindlichere Sorten nachgepflanzt werden (Verringerung des Nutzungsbedarfs, Erhöhung des Wahrnehmungswertes);

– die gewonnenen Erfahrungen und Erkenntnisse an die Planung weitergeben und gemeinsam nach weiteren, neuen oder modifizierten Lösungen suchen.

Das bedeutet auch, daß dieser Personenkreis in die Planungen von vornherein einbezogen werden muß, damit eine sinnvolle und erfolgreiche Pflege in der Folge gewährleistet ist. Entsprechend erfordert die Planung natürlich ein besonderes Verständnis für die Problematik naturnaher Spielplätze und deren Pflege.

Die folgende, von Dipl.-Ing. Marianne Roland zusammengestellte Auflistung zeigt Beispiele geeigneter Pflanzen für Spielbereiche mit Hinweisen auf ihre besonderen Eigenschaften.[25]

Pflanzliste (v. Dipl.-Ing. Marianne Roland)

BÄUME:

Name:	Botanische Bezeichnung:	Besondere Aspekte:
FELD-AHORN	*Acer campestre* L.	
SPITZ-AHORN	*Acer platanoides* L.	
BERG-AHORN	*Acer pseudo-platanus* L.	
ROSSKASTANIE, ROTBLÜHENDE	*Aesculus carnea* Hayne	
ROSSKASTANIE, BRIOTS ROTBLÜHENDE	*Aesculus carnea* Hayne „Briotii"	
ROSSKASTANIE	*Aesculus hippocastanum* L.	Die Kastanien, besonders die grünen unreifen Früchte sind schwach giftig.
HÄNGE-BIRKE WEISS-BIRKE	*Betula pendula* Roth	nur solitär
HAINBUCHE WEISSBUCHE	*Carpinus betulus* L.	
GEMEINE ESCHE	*Fraxinus excelsior* L.	

GRAU-PAPPEL	*Populus canescens (Ait.) Sm.*	
	Populus canadensis-Hybriden	
	z.B. „Robusta" u. Bachelieri"	
WILD- (VOGEL-)KIRSCHE	*Prunus avium*	
STIEL-EICHE	*Quercus robur L.*	
TRAUBEN-EICHE	*Quercus petraea (Mattuschka) Liebl.*	
SALWEIDE	*Salix caprea*	Kätzchen
REIFWEIDE	*Salix daphnoides*	schlägt gut aus
KORBWEIDE	*Salix alba*	
	Salix viminalis	
EBERESCHE	*Sorbus aucuparia*	Schöne Herbstfärbung, nur die frischen Früchte sind schwach giftig. Beim Verzehr größerer Mengen: Erbrechen, Durchfall möglich. Es gibt auch Sorten mit eßbaren Früchten.
	z.B. Sorte „Edulus"	ist eßbar
WINTER-LINDE	*Tilia cordata Mill.*	
HOLLÄNDISCHE LINDE	*Tilia vulgaris Hayne*	
SOMMER LINDE	*Tilia platyphyllos Scop.*	
SILBER-LINDE	*Tilia tomentosa Moench*	
HOLLÄNDISCHE ULME O. RÜSTER	*Ulmus x hollandica Mill.*	
EUROPÄISCHE LÄRCHE	*Larix decidua Mill.c*	
SCHWARZ-KIEFER	*Pinus nigra*	
GEMEINE KIEFER	*Pinus silvestris L.*	

STRÄUCHER:

Name:	Botanische Bezeichnung:	Besondere Aspekte:
Großsträucher, kleinkronige Bäume:		
FELD-AHORN	*Acer campestre L.*	
FELSENBIRNE, KANADISCHE	*Amelanchier canadensis*	Erleben der Jahreszeiten: schöne Blüte
HÄNGENDE FELSENBIRNE	*Amelanchier laevis*	eßbare Früchte schöne Herbstfärbung
APFELBAUM	*Malus*	
ZIERAPFEL	*Malus i.S. z.B.* *Prof. Sprenger, John Downie*	sehr dekorativer kleinkroniger Baum
WEISSE MAULBEERE	*Morus alba*	bildet schönen Schirm als Dach
BERG- O. KRUMMHOLZ-KIEFER	*Pinus mugo (Turra)*	
BIRNBAUM	*Pyrus*	

ZWETSCHGENBAUM	*Prunus*	
FELSENKIRSCHE	*Prunus mahaleb*	nur sonnige Standorte

(Apfel, Birne, Zwetschge etc. als Obstbuschbäume oder (bei genügend Platz) als Hochstämme.

KORKENZIEHERWEIDE	*Salix „tortuosa"*	als Solitär für Sträuße u. Basteleien
LAVENDELWEIDE	*Salix eleagnos*	
PURPURWEIDE	*Salix pur purea*	
KORBWEIDE	*Salix viminalis*	
MEHLBEERE	*Sorbus aria*	
VOGELBEERE	*Sorbus aucuparia*	
ELSBEERE	*Sorbus torminalis*	

Großsträucher, kleinkronige Bäume – feuchte Böden, eher schattig:

SCHWARZ-ERLE	*Alnus glutinosa (L.)*	nur feuchte Böden
GRAU-ERLE	*Alnus incana (L.)*	– " –
TRAUBENKIRSCHE	*Prunus padus*	

Sträucher für Hecken, Abschirmung und Raumbildung – humose, frische Gartenböden, Sonne/Halbschatten:

HAINBUCHE	*Carpinus betulus L.*	
HASEL	*Corylus avellana*	„Kätzchen" vor Blattaustrieb Nüsse
HARTRIEGEL	*Cornus sanguinea*	
PURPUR-HARTRIEGEL	*Cornus alba „Sibirica"*	schöner Winteraspekt rotes Holz
	Cornus stolonifera „Flaviramea"	gelbes Holz Hartriegel sollte nur vereinzelt gepflanzt werden
FELSENBIRNE, KANADISCHE	*Amelanchier canadensis*	Erleben der Jahreszeiten: schöne Blüte eßbare Früchte schöne Herbstfärbung
KORNELKIRSCHE	*Cornus mas*	frühe Blüte eßbare Früchte
HOLUNDER	*Sambucus nigra*	
ÖHRCHENWEIDE	*Salix aurita*	„Kätzchen"
LAVENDELWEIDE	*Salix eleagnos*	
PURPURWEIDE	*Salix purpurea L.*	
KORBWEIDE	*Salix viminalis*	
SCHMETTERLINGS-STRAUCH	*Buddleia z.B.* *Buddleia davidii + Hybr.*	schöne Blüten anziehend für Schmetterlinge
HÄNGE-BUDDLEIE	*Buddleia alternifolia*	

BLUT-JOHANNISBEERE	*Ribes sanguineum*		
ZIMTHIMBEERE	*Rubus adoratus*	Dornen dichte Hecken	

vereinzelt:

FORSYTHIE	*Forsythia intermedia*		
SANDDORN	*Hippophae rhamnoides*	nur volle Sonne/ Vogelschutz- u. Nährgehölz	
KOLKWITZIE	*Kolkwitzia amabilis*		
HECKENKIRSCHE	*Lonicera xylosteum*		
PFEIFENSTRAUCH (FALSCHER JASMIN)	*Philadelphus coronarius*		
SCHLEHEN	*Prunus spinosa*	Dornen, dichte Hecken ökologisch wertvoll	
WILDE ROSEN	verschiedene Sorten z.B. *Rosa canina L., R. gallica, R. rubiginosa*	zur Abgrenzung	
JAPANISCHE APFELROSE O. KARTOFFEL-ROSE	*Rosa rugosa Thunb.*	zur Abgrenzung	
VIELBLÜTIGE ROSE	*Rosa multiflora Thunb. ex Murr.*		

Flächendecker an Spielhängen etc.:

GÜNSEL	*Ajuga reptans*		
BARTBLUME	*Caryopteris „Heavenly Blue"*		
WALDERDBEEREN	*Fragaria vesca*		
GUNDELREBE	*Glechoma hederaceae*		
LAVENDEL	*Lavandula augustifolia*	starker Duft	nur vereinzelt
HEIDELBEEREN	*Myrtillus*	saure Böden	
KRIECHKIEFERN/LEGFÖHRE	*Pinus mugo ssp. mugo* *Pinus pumila* *Pinus mughus*	Flachwurzler – " – – " –	
GÄNSEFINGERKRAUT	*Potentilla anserina*		
KRIECHENDES FINGERKRAUT	*Potentilla reptans*		
ALPEN-JOHANNISBEERE	*Ribes alpinum L.*		
SCHWARZE-JOHANNISBEERE	*Ribes nigrum*		
WILDE STACHELBEERE	*Ribes uva-crispa*	für Hang-Nordseiten	
ROSMARIN-WEIDE	*Salix rosmarinifolia*		
PURPURWEIDE	*Salix purpurea nana.*		
KRIECH-WEIDE	*Salix repens*		
KRIECHSPIERE	*Spiraea repens*		
NIEDRIGE KRANZSPIERE	*Stephanaudra „Crispa"*	nicht immer frosthart	
IMMERGRÜN	*Vinca minor*	benötigt Schatten	

weitere Sträucher:

ECHTER GEWÜRZSTRAUCH	*Calycanthus floridus*	Düfte
HOHE DEUTZIE	*Deutzia scabra*	
RANUNKELSTRAUCH	*Kerria japonica (L.) DC.*	
FINGERSTRAUCH	*Potentilla fruticosa i. S.*	
HERBST-BERGKIRSCHE	*Prunus subhirtella Miq. „Autumnalis"*	
SCHLEHE	*Prunus spinosa*	wenig wegen Dornen
GEWÖHNLICHE FEDERSPIERE	*Sorbaria sorbiflora (L.) R.Br.*	
WEISSER SPIERSTRAUCH	*Spiraea albiflora (miq) Zabel*	⎫
SPITZÄHNLICHER SPIERSTRAUCH	*Spiraea arguta Zabel*	⎪
NIEDRIGER SPIERSTRAUCH	*Spiraea bumalda Burv. „Anthony Waterer"*	zur Hangbegrünung ⎬ nur vereinzelt
BILLIARDS SPIERSTRAUCH	*Spiraea billiardii Herinoq. „Triumphans"*	⎪
THUNBERGS SPIERSTRAUCH	*Spiraea thunbergii Sieb. ex Bl.*	⎪
VANHOUTTES SPIERSTRAUCH	*Spiraea vanhouttei (Briot) Zabel*	⎭
GEMEINE SCHNEEBEERE	*Symphoricarpus racemosus*	schwach giftig weiße Beeren
SCHNEEBEERE (KNALLERBSE)	*Symphoricarpus albus* *Symphoricarpus rivularis* *Symphoricarpus racemosus*	beim Verzehr größerer Mengen: Leibschmerzen, Erbrechen möglich
GEMEINER FLIEDER	*Syringa vulgaris L.*	
WEIGELIE	*Weigelia florida i. S.*	

STAUDEN:

Name:	Botanische Bezeichnung:	Besondere Aspekte:
Bereich I: Niedrige Stauden für trockene, sonnige, magere Standorte (10–40 cm), auch flächendeckend:		
KRONWICKE	*Coronilla varia*	rosa, flächendeckend
HAUCHECHEL	*Ononis spinosa*	rosa, Dornen
THYMIAN	*Thymus serpyllum*	purpurrosa, flächendeckend
HORNKLEE	*Lotus corniculatus*	gelb, flächendeckend, auch humosere Böden
EHRENPREIS	*Veronica officinalis*	blau, flächendeckend
KATZENMINZE	*Nepeta fassenii*	blau, flächendeckend
SONNENRÖSCHEN	*Helianthemum nummularium*	gelb, flächendeckend

HABICHTSKRAUT	*Hieracium pilosella*	hellgelb bis orange, flächendeckend
SCHLEIERKRAUT	*Gypsophila repens*	zartrosa, flächendeckend
BRAUNELLE	*Prunella vulgaris o. grandiflora*	blau, flächendeckend
SCHARFER MAUERPFEFFER	*Sedum acre*	gelb, flächendeckend
WEISSER MAUERPFEFFER	*Sedum album*	weiß, flächendeckend

Bereich II: Höhere Stauden für trockene, sonnige, magere Standorte (50–150 cm):

DOST (WILDER MAJORAN)	*Origanum vulgare*	violett s. a. Bereich V
MOHN	*Papaver rhoeas*	rot, nur einjährig
SIGMARSWURZ	*Malva alcea*	rosa, bis 150 cm
PURPURROTE FETTHENNE	*Sedum telephium*	
KERZENVERONIKA	*Veronika spikata*	blau
SKABIOSEN FLOCKENBLUME	*Centaurea scabiosa*	blau
WEGWARTE	*Cichorium intiybus*	blau
WIESENSALBEI	*Salvia pratensis*	blau
RUNDBLÄTTRIGE GLOCKENBLUME	*Campanula rotundifolia*	blau
ANDERE HOHE GLOCKENBLUMENARTEN	*Campanula glomerata, patula*	
BLUTSTORCHSCHNABEL	*Geranium sanguineum*	rot, auch flächendeckend
WEISSER STEINKLEE	*Melilotus albus*	weiß, beide zweijährig
ECHTER STEINKLEE	*Melilotus officinalis*	gelb, bis 120 cm, Heilpflanze
GEMEINER WUNDKLEE	*Anthyllis vulneraria*	gelb
ESPARSETTE	*Onobrychis viciifolia*	rosa-purpur
JOHANNISKRAUT	*Hypericum perforatum*	gelb, Heilpflanze
SCABIOSE	*Scabiosa columbaria*	blaulila
SCHAFGARBE	*Achillea millefolium*	weiß, auch Bereich IV u. V., Heilpflanze
WILDE MÖHRE	*Daucus carota*	weiß, auch Bereich IV
ECHTES LABKRAUT	*Galium verum*	gelb
KÖNIGSKERZE	*Verbascum thapsus o. nigrum*	gelb, zweijährig, auch Bereich V
RAINFARN	*Tanacetum vulgare*	gelb, auch Bereiche III u. IV
RINDERAUGE	*Buphtalmum salicifolium*	gelb
AUFRECHTES FINGERKRAUT	*Potentilla recta*	gelb
DAUER-LEIN	*Linum perenne*	blau

Seifenkraut	*Saponaria officinalis*	rosa-weiß, auch Bereich III
Waldlichtnelke	*Silene dioica*	rot, auch Bereich III

Bereich III: Stauden für frische-feuchte Standorte, Wiesen und Heckensäume (50–100 cm):

Gefleckte Taubnessel	*Lamium maculatum*	rosa, oft flächendeckend
Goldnessel	*Lamium galeobdolon*	gelb, mit Ausläufern
Grosser Wiesenkopf	*Sanguisorba officinalis*	dunkelrot, Heilpflanze
Poleiminze	*Mentha pulegium*	lila, auch flächendeckend
Blutweiderich	*Lythrum salicaria*	rot
Kuckuckslichtnelke	*Lychnis flos kukuli*	rosa gefiedert
Acker-Vergissmeinicht	*Myosotis arvensis*	leuchtend blau
Bachnelkwurz	*Geum rivale*	sehr schöne, außergewöhnliche Blüte
Nesselglockenblume	*Campanula trachelium*	blau
Kriechender Günsel	*Ajuga reptans*	blau, flächendeckend
Echtes Lungenkraut	*Pulmonaria officinalis*	rot-blau, flächendeckend
Schlüsselblume	*Primula elatior*	gelb
Echte Schlüsselblume	*Primula veris*	gelb
Scharfer Hahnenfuss	*Ranunculus acris*	gelb
Gilbweiderich	*Lysimachia punctata*	gelb, mit Ausläufer
Pfennigkraut	*Lysimachia nummularia*	gelb, flächendeckend niedrig
Veilchen	*Viola odorata*	violett, flächendeckend
Beinwell	*Symphitum officinale*	violett, Heilpflanze, auch Bereich V
Fuchsgreiskraut	*Senecio fuchsii*	gelb
Wasserdost	*Eupatorium canaubinum*	rosa

Bereich IV: Höhere Stauden für humose, sonnige Standorte, Fettwiesen, Gartenbeete (50–100 cm):

Wiesenflockenblume	*Centaurea jacea*	blau
Pfingstrose	*Paeonia officinalis*	rot
Tränendes Herz	*Dicentra spectabilis*	rot-weiß
Bartfaden	*Penstemon Hybr.*	verschiedene Farben
Sonnenhut	*Rudbeckia i. S.*	gelb
Bergflockenblume	*Centaurea montana*	blau
Wiesenknautie	*Knautia arvensis*	blau
Brennende Liebe	*Lychnis calcedonica*	leuchtendes rot
Wiesenstorchschnabel	*Geranium pratense*	blau

HOHE HERBSTASTERN	*i. S.*	blau, violett
AKELEI	*Aquilegia vulgaris*	versch. Farben
WILDE MÖHRE	*Daucus carota*	weiß, auch Bereich II
MARGERITE	*Chrysanthemum leucanthumum*	weiß
FRAUENFLACHS	*Linaria vulgaris*	gelb-weiß, auch Bereich II
WALDMEISTER	*Asperula odorata*	weiß, trockene Waldränder, flächendeckend
WALDERDBEERE	*Fragaria vesca*	flächendeckend, auch Bereich V
FRAUENMANTEL	*Alchemilla mollis*	grünlich, flächendeckend, auch Bereich V

Bereich V: Interessante Stauden für den Geruchs- und Tastsinn, verschiedene Größen:

ODERMENNING	*Agrimonia eupatoria*	gelb, „klebende" Früchte auch Bereich II
AUFGEBLASENES LEINKRAUT	*Silene vulgaris*	weiß, interessante Früchte
NACHTKERZE	*Oenothera biennis*	gelb, zweijährig, Blüte öffnet sich zum „Zuschauen" – Wahrnehmungsübung
ROSSMINZE PFEFFERMINZE	*Myntha in versch. Arten*	violett, meist feuchte Standorte, Duft
SALBEI	*Salvia officinalis*	samtenes Blatt, Tasten, Gewürz
KÖNIGSKERZE	*Verbascum thapsus o. nigrum*	samtenes Blatt s. Bereich II
THYMIAN	*Thymus serpyllum*	Duft, s. Bereich I
WILDER MAJORAN (DOST)	*Origanum vulgare*	Duft, s. Bereich II
LAVENDEL	*Lavandula angustifolia*	Duft
WILDE KARDE	*Dipsacus silvestris*	für den Tastsinn: Früchte, lila, Vogelnahrung
NATTERNKOPF	*Echium vulgare*	Tastsinn, rauhaarig, blau
WERMUT	*Artemisia absinthium*	Duft, Geschmack scharf, Heilpflanze

Planung von naturnahen Spielräumen

Qualifizierte Planung

Zur guten Planung eines Spielplatzes genügt nicht, wie viele meinen, die eigene Elternschaft oder ein reger Kontakt mit Kindern im Viertel, um schon einen Spielraum planen und gestalten zu können. Ebenso ist es zwar gut gemeint aber wenig sinnvoll, allein Kinder nach ihren Wünschen zu befragen und sie ihren Wunschspielplatz malen zu lassen. Erstens reproduzieren Kinder leider oft nur bekannte Muster und zweitens sind all die vielen dadurch gesammelten Wünsche meistens nicht realisierbar, was zu großen Enttäuschungen führen kann. Damit Spielräume wirklich notwendigen und wünschenswerten Anforderungen aus pädagogischer, entwicklungspsychologischer, sicherheitstechnischer, städtebaulicher, grünplanerischer, juristischer Sicht entsprechen und vor allen Dingen den Kindern eine Menge Freude, Erfahrungs- und Erlebnismöglichkeiten, Abenteuer und Spielwert bringen, müssen sie von qualifizierten Fachleuten geplant und gestaltet werden.

So sollten zum einen die verschiedenen Ämter, die mit der Planung, Einrichtung und Unterhaltung von Spielplätzen betraut sind, so kindorientiert und konstruktiv wie möglich zusammenarbeiten. Fachlicher Austausch und interdisziplinäre Koordination dienen den Kinderinteressen und qualifizieren auch die eigene Tätigkeit im fachbezogenen Ressort.

Zum anderen empfiehlt es sich dringend, entsprechend geeignete Personen – innerhalb des Amtes, der Behörde oder aber qualifizierte, erfahrene freiberuflich Tätige – mit der Durchführung zu beauftragen. Spielplatzgestaltung ist ein Spezialgebiet und erfordert ein hohes Maß an technischem Know-how, pädagogischem und planerischem Wissen, Kooperationsbereitschaft, Verständnis für Kinder und Einfühlungsvermögen, damit nicht nur ein guter Spielraum entsteht, sondern dieser auch in sein Umfeld eingebunden ist und positiv von seinen Nutzern angenommen wird.

Dabei gibt es durchaus Möglichkeiten, die zukünftigen Nutzergruppen – Eltern, Kinder, Anwohner – in die Planung bzw. Gestaltung miteinzubeziehen, doch muß dies in einer gut durchdachten und organisierten Form geschehen, damit keine Frustrationen entstehen.

Als Leitgedanken sind hier kurz zu nennen:
– Keine zu hohen, unerfüllbaren Erwartungen wecken.
– Realisierbaren Rahmen frühzeitig abstecken.
– Beteiligung erfordert viel Zeit und viel Geduld, die sich jedoch langfristig auszahlen kann, denn nichts ist so teuer und aufwendig wie eine Fehlplanung.
– Am wichtigsten ist eine gute und kompetente Information der Bürger und eine öffentliche Aussprache darüber. Zustimmung oder zumindest Akzeptanz setzt eine informelle Einbindung voraus. Wünsche sollten argumentativ behandelt und, soweit möglich und sinnvoll, einbezogen und umgesetzt werden.
– Eventuelle Einbindung künftiger Nutzer in bestimmte Baumaßnahmen, soweit dies möglich bzw. sinnvoll ist. Gruppendynamische Prozesse und unterschiedliche Interessenlagen müssen hier kreativ verknüpft und positiv gelenkt werden (Kooperation statt Konfrontation; Freiraum und klare Zielsetzung; prozeß- und ergebnisorientiertes Handeln). Eine Mitmach-Aktion soll ebenso integrierend sein wie der entstehende Spielplatz. Polarisierungen und Ausgrenzungen vermeiden bzw. gegenlenken.
– Interesse oder Akzeptanz der Anwohner kann auch geweckt werden durch Aktivitäten wie Einweihungsfeier, Kindernachmittag, Bürgerfest, Seniorenrunde o.ä.
– Erstmals bei der Planung und deutlichst während der Fertigstellung auf den zukünftigen Umgang und die weitere Pflege des Spielplatzes hinweisen. Absichten und Ziele des Planungsansatzes plastisch erläutern (Pflanzen brauchen Zeit; Zulassung von Pfaden; Zurückhaltung beim Schnitt der Hecke; Nachpflanzungen zu gegebener Zeit; keine nachträgliche Plazierung von Spielgeräten am falschen Ort, sondern ergänzende Einbindung usw.).
– Die zukünftigen Nutzergruppen sollten grundsätzlich bei jeder Planung einbezogen werden. In welcher Form und in welchem Umfang dies geschehen sollte, darüber kann nur im Einzelfall und in Anbetracht der Rahmenbedingungen und jeweiligen Faktoren entschieden werden.

Ein guter Planer ist sich bewußt, daß ein Spielplatz nur Teil eines räumlichen und sozialen Gebildes ist und zu seinen Rahmenbedingungen und seinem Umfeld in einer vielschichtigen Wechselbeziehung steht. Nicht nur bei der Konzeptionierung, sondern auch bei der Unterhaltung und Pflege tritt dies ständig in Erscheinung. Insbesondere bei Störungen des Systems, bei Unzufriedenheiten z. B. wegen Lärm, bei zunehmender Verschmutzung der Anlage, bei Zerstörungen und Vandalismus genügt es nicht, die Auswirkungen zu beseitigen, sondern man sollte nach den genauen Ursachen forschen. So können Lärmbeschwerden u. U. gar keinen real zugenommenen Spiellärm zur Ursache haben, sondern in Unzufriedenheiten mit anderen Dingen, z. B. einer neuen Straße oder fehlenden Freizeitangeboten für diese Bevölkerungsgruppe, begründet sein. Vandalismus bzw. die regelmäßige Beschädigung von Spielgeräten kann ein Ausdruck von Unzufriedenheit mit dem Spielangebot sein, das vielleicht nicht mehr zur Altersstruktur der Kinder paßt, zu langweilig ist oder zu wenig eigene Gestaltungsmöglichkeiten zuläßt. Ferner können Zerstörungen auch Signale für strukturelle Defizite und persönliche Notsituationen sein. Kinder, die negativ auffallen, machen damit u. U. unbewußt deutlich, daß sie ein Problem haben und Hilfe brauchen. Hier sollte man nicht verurteilen, sondern versuchen zu verstehen. Ein Spielplatz ist ein Soziotop, ein Kulminationspunkt lokalen gesellschaftlichen Lebens in einem Stadtviertel.

Natürlich ist es nicht möglich, einen Spielraum exakt und gleichwertig auf alle Nutzergruppen zuzuschneiden. Es wäre zuviel, es allen recht machen zu wollen. Der Spielraum braucht eine Eigenwertigkeit, einen eigenen Charakter, der nicht nur etwas anbietet, sondern auch für sich steht. Auch hier formuliert die Natur einen eigenständigen Anspruch.

Doch hat die Praxis immer wieder gezeigt, daß der Spielplatz langfristig um so besser angenommen wird, je stimmiger das Gestaltungskonzept in sich und zu seiner Umgebung ist. Nachweislich ereignen sich um so weniger Beschädigungen und Zerstörungen, je ausgewogener und harmonischer das Angebot und die Gestaltung sind. Räume, die ein Wohlbefinden schaffen, werden zwangsläufig stärker akzeptiert, sauber gehalten und geschützt.

Auch die Unfallhäufigkeit ist bei guten Anlagen mit gelungenen Spielangeboten, – dies gilt auch für Schulhöfe – die sinnliche Anregungen, Abwechslung und interessante Spielangebote beinhalten, nicht etwa größer – wie man auf Grund der vermehrten Möglichkeiten annehmen könnte –, sondern geringer, da der Bezug zur Außenwelt positiver, die Aufmerksamkeit erhöht, die Sinne angeregt, das Wohlbefinden erhöht ist.

Aus all diesen Gründen ist ein Spielangebot nicht nur ein Spielangebot, sondern ein deutlicher Beitrag zu einer verbesserten Lebensqualität. Eine gute Planung macht sich somit auf vielerlei Weise bezahlt.

Prozeßhafte Planungsansätze

Ein guter Spielplatz ist nie fertig im Sinne von festgelegt und absolut unveränderbar. Er sollte lebendig bleiben, weiterwachsen und sich verändern. Die DIN 18034 hat hierzu die Erwartung formuliert, daß Freiflächen zum Spielen „die Anpassung der Spieleinrichtungen infolge sich ändernder Spielwünsche oder Altersstruktur der Nutzer zulassen" soll.[26] Die Planung sollte sich daran orientieren und weniger – wie es leider zu oft geschieht – in Spielplatzschablonen denken und handeln. Die Veränderbarkeit und Mitgestaltung durch die Nutzer und die Natur muß in einem prozeßhaft angelegten Planungskonzept miteinbezogen werden. Dies bedeutet, in gewissem Umfang miteinzukalkulieren, daß

- die Spielanlage ganz anders bespielt wird als ursprünglich gedacht (weil z.B. gravierende, nicht vorhersehbare Änderungen eingetreten sind),
- der Spielraum sich stetig weiterentwickelt,
- mittel- u. langfristig bei Bedarf immer wieder leichte oder stärkere Veränderungen, Umgestaltungen vorgenommen werden (Neupflanzungen, An- oder Abschaffung von Spielgeräten etc.),
- von Anfang an für solche Umgestaltungen bestimmte Finanzmittel zu reservieren sind, denn nichts ist teurer und unsinniger als ein Spielplatz der nicht angenommen wird.

Nicht nur die Planung, sondern auch die Pflege sollte den Spielplatz als flexibles, lebendiges System behandeln und fördern.

Bestandsaufnahme

Voraussetzung für die Anlage eines guten naturnahen Spielplatzes ist die genaue Kenntnis und Aufnahme des bestehenden Geländes, der Wohn- und Sozialstruktur der näheren Umgebung, der zur Zeit bestehenden bzw. für die Zukunft zu erschließenden Altersstruktur der Kinder und damit der vorhandenen und zu erwartenden Spielbedürfnisse.

Zum methodischen Vorgehen gehört

- eine Bestandsanalyse der vorhandenen Spielflächen sowohl für den Bereich der privaten Eigentümer als auch für den der öffentlichen Hand;
- eine quantitative und qualitative Bedarfsermittlung durch Gegenüberstellung des bewerteten Bestandes und einer zielgerichteten Sollversorgung;
- eine Standortbestimmung mit den Aspekten „Bezug zur Bevölkerung" und „Lage zur Wohnbebauung", d.h. der möglichen Entfernungen, die für die einzelnen Altersgruppen unter den Kindern unterschiedliche Bedeutung besitzen und als „Aktionsradius" bezeichnet werden.[27]

Dies erfordert eine mehrmalige und ausführliche Erkundung des zukünftigen oder bereits existierenden Spielgeländes, seiner Standortanforderungen und seiner Zuordnung

- zur Wohnbebauung,
- zu den den Aktionsradius einschränkenden Straßen,
- zu ev. Industrieanlagen, Großparkplätzen und Wasserläufen usw.

Durch Geländemodellierung und Pflanzen wird aus dem Spielplatz eine Spiellandschaft.

Die Erkundungen müssen zu unterschiedlichen Tageszeiten erfolgen, um die verschiedenen Benutzergruppen kennenzulernen. Dabei empfiehlt es sich, die vorgefundenen Nutzungsmerkmale (z. B. benutzte und unbenutzte Sitzgelegenheiten) und Spielspuren (z. B. liegengebliebenes Spielzeug), auch im direkten Umfeld, als Zeichen vorhandener Gewohnheiten und Bedürfnisse schriftlich festzuhalten und in die Planung mit einzubeziehen.

Aus ökologischen Gründen ist der Pflanzenbestand auf dem Gelände genau zu untersuchen, um ihn, soweit es möglich und sinnvoll ist, zu erhalten. Die Existenz und der Zustand der jeweiligen Pflanzen lassen ferner Rückschlüsse sowohl auf die Standortbedingungen als auch auf das Spiel- und Nutzungsverhalten der Kinder zu. Aus einer solchen vegetationskundlich-ökologischen Aufnahme können wertvolle Erkenntnisse in die Planung einfließen. Die Wichtigkeit einer fundierten und ausführlichen Bestandsaufnahme und einer darauf aufbauenden guten Planung kann gar nicht hoch genug bewertet werden.

Gestaltungselemente

Pflanzen bieten, zumal in Kombination mit einer sinnvollen Geländemodellierung, hervorragende und äußerst vielfältige Gestaltungsmöglichkeiten. Pflanzen schaffen Räume; insbesondere durch Baum- und Gehölzpflanzungen werden aus Flächen Erlebnisräume. Darin bilden Pflanzungen Ecken und Nischen für Gruppen- und Rollen-, für Höhlen- und Abenteuerspiele.

Man kann mit Pflanzen ein Gelände strukturieren, es in Einzelbereiche einteilen und ihm einen individuellen Charakter verleihen (vgl. Skizzen u. Pläne). Pflanzen sind Gliederungselemente, womit einzelne Spielaktivitäten gefördert bzw. geschützt werden. So läßt sich z. B. ein Rollenspielbereich von einem Bewegungsspielbereich durch eine Pflanzung abschirmen, ohne dadurch die Kommunikation und ein mobiles Spielverhalten zu verhindern. Es können Orte für eine eher aktivere und solche für eine ruhige Betätigung geschaffen werden, so daß eine unterschiedliche Nutzung des Geländes, ev. auch durch mehrere Nutzergruppen (Kinder verschiedener Altersstufen; ältere Menschen) möglich wird.

Kinder brauchen differenzierte Spielangebote, die ihrer Entwicklungsstufe (Kleinkind-, Kindergarten-, Grundschulalter etc.), ihrem Temperament und Charakter (z.B. Intro- oder Extrovertiertheit) und ihrer Stimmungslage (Aktivitäts- oder Ruhe-, Kommunikations- oder Rückzugsbedürfnis) entsprechen.

Gerade Spielräume für Kleinkinder müssen als geschützte Bereiche angelegt und daher entsprechend plaziert und gestaltet werden. Ruhezonen sind von Tobeflächen abzugrenzen. Sand-, Wasser- und andere Gestaltungsspielbereiche dürfen nicht so liegen, daß sie sich mit Trampelpfaden kreuzen, die sich als kürzeste Verbindung zwischen Aktivspielangeboten und Eingang zwangsläufig ergeben haben. Ansonsten sind Konflikte nicht nur unter den Kindern, sondern ebenso zwischen Eltern und Kindern vorprogrammiert. Auch Eltern und ältere Anwohner sollten in einem naturnahen Gelände attraktive Aufenthaltsorte finden.

Da es sich bei Pflanzen um lebendige Materialien handelt, entsteht keine starre Raumeinteilung. Die Gestaltung lebt, sie verändert sich permanent, indem sie wächst und Farben und Formen wechselt. Dies geschieht im Wechsel der Jahreszeiten und vermittelt eine sehr flexible, natürliche Ordnung.

Aktive und ruhige Spielbereiche lassen sich durch Pflanzen sanft voneinander trennen.

Einfriedungen und Gliederungen

Zäune und Spaliere

Kinder müssen vor dem unbedachten Verlassen eines Spielplatzes geschützt werden, wenn sich angrenzend gefährliche Orte wie Straßen, Gewässer, Bahngleise etc. befinden. Ein Riegel aus Sträuchern ev. sogar mit Stacheln und Dornen kann nicht durchquert werden, ohne daß die Aufmerksamkeit des Kindes gefordert wird. Mit natürlichen Mitteln wird eine Risikoschwelle sicht- und fühlbar und dringt über die Sinne ins Bewußtsein. Ein bepflanzter Zaun wird nicht nur weniger eintönig und einengend empfunden, sondern besitzt zudem viele Erlebnismöglichkeiten für Kinder, da er Lebensraum bietet für Schnecken, Spinnen, Ameisen, Vögel und Schmetterlinge. Außerdem läßt er sich für Häuser- u. Höhlenspiele nutzen.[28]

Ballspielbereiche, sog. Bolzplätze, müssen gegebenenfalls zum Schutz der anderen Spielbereiche und der Anwohner von einem mind. 4 m hohen Ballfanggitter gesichert sein. Wird dieser Zaun an seiner Außenseite mit robusten Klettergewächsen (Knöterich) und/oder relativ dicht angrenzend mit hochwüchsigen Gehölzen bepflanzt, bilden diese im Laufe der Zeit eine grüne Wand. Damit erhält das Gitter einen zusätzlichen positiven Wert und verleitet weniger zu dem – häufig zu beobachtenden – minutenlangen Dagegenbolzen (z. B. abends, wenn das Spiel zu Ende ist und die Zurückgebliebenen oder Wartenden angestaute Energien dadurch abbauen).

Auch die Anwohner fühlen sich geschützter und durch das Grün positiver gestimmt. Abendliche Treffs von Jugendlichen hinter dieser Wand stören weniger, da vieles gar nicht zu bemerken ist.

Lebende Zäune

können z. B. als Weiden- oder Haselnußzäune gebildet werden. Weiden eignen sich auf Grund ihrer Biegsamkeit, Robustheit und ihres schnellen Wuchses am besten. Ruten und Äste der Silber-, Reif-, Stein-, Bruch- und Hanfweiden sind denen der Salweide vorzuziehen, da diese für Stecklingsvermehrung weniger ideal ist.

Die benötigten Ruten müssen bis ca. Anfang März geschnitten und bis zur weiteren Verwendung an einem schattigen Ort, am besten unter einer Zudecke aus organischem Material (Grasschnitt, Laub) gelagert werden. Soll erst später gebaut werden, ist ein feuchter Lagerort, u. U. sogar in einem Teich zu empfehlen, damit eine Austrocknung verhindert wird. Für die Errichtung des Zauns pflanzt man im Abstand von 20–40 cm ca. 50–130 cm lange Stecklinge in 30–40 cm tiefe Setzlöcher ein. Wesentlich längere Stecklinge sollten etwas tiefer gesetzt werden, bis max. 60 cm. In die Zwischenräume kann man kleinere Ruten stecken, um möglichst schnell einen dichten Zaun zu erhalten.[29]

Werden die Pflanzen im Frühjahr standortgerecht gesetzt, so daß sie genügend Feuchtigkeit bekommen, um wurzeln zu können, treiben sie normalerweise noch

im selben Jahr aus. Bei einem späteren Pflanzzeitpunkt, etwa ab Mai, ist noch stärker auf genügend Erdfeuchtigkeit in den heißen Sommermonaten zu achten. Im zweiten Jahr werden die Triebe nach unten und seitlich gebogen und miteinander verbunden bzw. verflochten. Bei größeren Abständen können Triebe erneut in die Erde gesteckt oder abgeschnitten und neu eingepflanzt werden. Es sind verschiedene Arten der Verwurzelung und Verknüpfung möglich, je nach regionaler Gepflogenheit oder individueller Vorliebe.

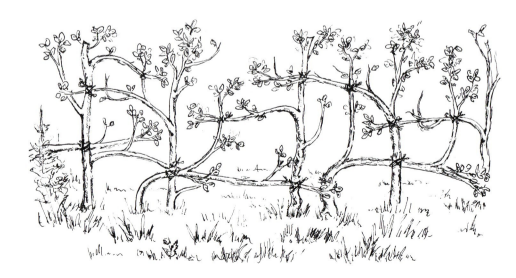

So kann man frisch geschnittene dünne Ruten oder Schnüre als Bindematerial verwenden oder dickere Ruten einflechten. Ebenfalls zur Verstärkung der Konstruktion oder aus ästhetischen Gründen lassen sich dicke Pflöcke dazwischen plazieren, der phantasievollen (Um- und Weiter-) Gestaltung sind hier keine Grenzen gesetzt.

Bei angemessenen Standort- und Wetterbedingungen ist bereits im übernächsten Jahr ein dichter, lebender Zaun gewachsen. In den folgenden Jahren setzt sich das Verflechten und ev. Beschneiden in dem Maße fort, wie der Zaun gestaltet werden oder wild wachsen soll.

Beerenzäune und -spaliere

Beerenpflanzen mit Stacheln lassen sich gut als Abgrenzung gegenüber Bereichen, die – aus welchen Gründen auch immer – nicht betreten werden sollen, einsetzen. Außerdem bieten die Früchte eine alljährliche Bereicherung – ihr Reifeprozeß läßt sich aufmerksam verfolgen, und es lohnt sich zu warten, bis sie reif sind. Die Früchte zu ernten, zu sammeln und sich davon zu nähren, verweist auf die Bedeutung der Natur als unsere Lebensgrundlage. Beim Aufteilen der Früchte sind Eigensinn und Gemeinsinn gleichermaßen gefordert, eine befriedigende und gerechte Lösung für sich selbst und die Gemeinschaft zu finden. Auch durch das Nachhausetragen und Teilen von Beeren mit den Eltern und Geschwistern wird das Sozialverhalten geschult.

Wenn Brombeeren an Drähten gezogen werden, kann sich im Lauf der Zeit ein Beerenzaun entwickeln. Brombeeren gedeihen nicht nur an sonnigen, sondern ebenfalls an schattigen Standorten. Je schmaler der Pflanzstreifen sein soll, desto aufwendiger ist die Pflege, da die oft sehr raumgreifenden Triebe dann aufgebunden und zurückgeschnitten werden müssen. Beerensträucher eignen sich auch als Rankpflanze an Spalieren, Gittern und anderen Konstruktionen aus Holz oder Metall. Doch erst die zwei Jahre alten Triebe bringen Früchte hervor.

Beerenzäune sind ebenso aus Waldreben, wilden Himbeeren und Weintrauben, letztere u. U. durchsetzt von Obstbäumen, möglich. Hier bedarf es sonniger Standorte und ausreichender Pflege, wenn die Pflanzen viele Früchte tragen sollen.[30]

Benjes-Hecke

Die nach ihrem Erfinder Heinrich Benjes benannte Feldhecke läßt sich in ihrer Grundstruktur auch auf bestimmten Spielplätzen und Kindergartenanlagen verwenden. Benjes-Hecken sind durch den ökologischen Lebenskreislauf gekennzeichnet. Bei der neu angepflanzten, jungen Hecke aus verschiedenen Gehölzen werden zwischen und vor die jungen Pflanzen alte Äste und Zweige, Gestrüpp und Laub geschichtet. Das verrottende Material schützt die Pflanzen vor übermäßiger Beschädigung durch Menschen und Tiere und verbessert den Nährboden. Zudem bietet die Benjes-Hecke vielen Tieren Unterschlupf, Nistmöglichkeiten und Baumaterialien. Hier wird sichtbar, wie nützlich und lebendig sog. Totholz im Grunde ist.

Eine kleine, nur 1 m tiefe Benjes-Hecke, angelegt auf einem Kindergartengelände.

Falls man genügend langfristig planen kann oder die beteiligten Personen insbesondere die zukünftigen Nutzer ausreichend Zeit mitbringen wie z. B. in Kindergärten, ist eine „richtige" Benjes-Hecke anlegbar. In einen 3–4 m breiten Graben – es geht freilich auch schmäler – wird Altholz und angefallenes Gestrüpp bis zu 1 m Höhe aufgeschichtet und anschließend einfach liegengelassen, denn die Natur sorgt für das Leben: Durch Samenflug und den Kot einfliegender Vögel siedeln sich im Laufe der Jahre verschiedene standortgerechte Gehölze an, ein neuer wichtiger Lebensraum für die heimische Tier- und Pflanzenwelt entfaltet sich.

Auf Spielplätzen funktioniert dies meist nur in abgelegenen oder durch zusätzliche Pflanzungen geschützten Bereichen, da sonst das Material weggeschleppt wird. Gut geeignet wären hier Zonen, die vor Gefahrenstellen wie Flüssen, Bahndämmen usw. abschirmen sollen und daher dicht und undurchdringlich bepflanzt werden können, an der dem Spielraum zugewandten Seite z. B. mit wilden Himbeer- und Brombeersträuchern.

Benjes-Hecken können auch mit Kindern angelegt werden. Das gemeinsame spielerische Arbeiten ist zugleich ein sehr gutes Beispiel für einen ganzheitlichen, erlebnisorientierten Unterricht. Er beinhaltet gleichermaßen theoretisches Wissen und praktische, sinnliche Handarbeit, das Mitwirken in einem ökologischen System, die persönliche Identifikation mit der Arbeit und die Integration in die Natur.[31]

Trockenmauern – Lebendige Mauern

Während sie früher auch bei uns vielerorts verbreitet waren, sind sie heute weitgehend verschwunden, nicht zuletzt auf Grund der zunehmenden Verstädterung der Dörfer. Sie mußten Straßenbaumaßnahmen und sehr fragwürdigen Ordnungsvorstellungen weichen.

Die alte Tradition der Naturmauern wiederzuerwecken, ist keinesfalls Nostalgie und nicht nur ein Gewinn für die Flora und Fauna, sondern auch für die Lebensqualität der Menschen. Lebendige Mauern schaffen sinnliche und emotionale Bindungen und stellen positive Heimatbezüge (Ortsidentität) her. Lebendige Mauern können ein Gelände gliedern, es gegen Straßen und Nachbargrundstücke abgrenzen und als Stützmauern Böschungen absichern. Auch Hänge lassen sich damit terrassenförmig abstufen. Trockenmauern geben einen wertvollen Lebensraum für eine eigene Pflanzen- und Tierwelt ab, und stellen damit einen besonderen Erlebnisraum dar, sofern die Spielaktiviäten nicht zu erdrückend sind.

Mit der für sie typischen unregelmäßigen Oberfläche und ihren besonderen Kleinklimazonen (Trockenstandort, Wärmespeicherung in den Höhlungen und Ritzen) werden hervorragende Siedlungsmöglichkeiten z. B. für Flechten, Moose, Gräser und Wildkräuter und ebenso für bestimmte Kleintiere wie Laufkäfer, Igel, Eidechsen und Spitzmäuse geschaffen, die zu den wichtigsten Schädlingsbekämpfern gehören.

Typische Mauerpflanzen sind[32]

Mauerpfeffer	Sedum acre (gelb), Sedum album
Steinbreche	Saxifraga (verschiedene)
Zimbelkraut	Cymbalaria muralis
Mauerraute	Asplenium ruta-muraria
Schriftfarn	Ceterach officinarum
Streifenfarn	Asplenium trichomanes
Katzenminze	Nepeta cataria
Gänsekresse	Arabis caucasica
Hungerblümchen	Draba aizoides
Thymian	Thymus serpyllum

Welche Pflanzenkulturen sich an welchen Stellen ansiedeln, hängt auch davon ab, ob und wie stark die Mauer von den Kindern als Treffpunkt und warmer Sitzplatz, als Versteck- und als Klettermöglichkeit genutzt wird. Wechselndes Spielverhalten führt zum Teil zur Ansiedlung anderer Arten, die neue Beobachtungen erlauben. Meistens bilden sich mit der Zeit abgetretene Pfade und Lagerstellen, Zeichen eines überall anzutreffenden, tiefverwurzelten kollektiven Nutzungsverhaltens.

Aus Findlingen, Bruchsteinen, Ziegeln und sog. Katzenköpfen, aber auch aus Abbruch-/Bauschuttmaterial wie alten Ziegelsteinen, Bodenplatten etc. können auch Nischen, Höhlungen, unter Umständen sogar nachgestellte Ruinen (-landschaften) geformt werden. Diese lassen archetypische Gefühle der Geborgenheit und einer Verbundenheit mit der Natur entstehen und laden zu mythenbezogenen, phantasievollen Spielen, z. B. nach literarischen Vorbildern wie Robinson Crusoe, Robin Hood oder den Höhlenkindern ein.

Die Art der verwendeten Gesteinsmaterialien und die Weise, in der sie auf- und ineinandergeschichtet werden, machen ein differenziertes Struktur- und Formenerleben möglich. Dadurch werden sinnliche, emotionale und kognitive Wahrnehmungspotentiale des Kindes angeregt. Der Reichtum einer lebendigen Außenwelt mit natürlichen und naturnahen Formen und Strukturen bereichert die individuelle Innenwelt, und aus befriedigenden Erfahrungen wird wiederum der positive Bezug zur Welt gestärkt.

Zur Anlage einer Trockenmauer gibt es folgende wichtige Anleitungen: Normalerweise werden zu ihrem Bau keine Bindemittel wie Zement oder Kalk verwendet. Es hängt von der Konstruktion der Mauer, ihrer Plazierung und Bedeutung im Gelände und vom jeweiligen Nutzerverhalten vor Ort ab, ob einzelne Teile nicht doch miteinander verbunden werden müssen, damit für die spielenden Kinder keine unnötigen Gefährdungen über das normale Spielrisiko hinaus entstehen können bzw. damit die Mauer nicht schnell und leicht beschädigt oder zerstört werden kann.[33] Trockenmauern sollten hier selten höher als 80 cm, maximal 1 m sein.

Auch mit Recyclingmaterial lassen sich verschiedene Kleinklimazonen und ökologisch wertvolle Standorte schaffen.

Wenn die Mauer so zugänglich und nahe gelegen ist, daß sie wie ein Spielgerät bespielt und beklettert wird, muß sie entsprechend sicher errichtet sein. Aber auch bei einer wahrscheinlich zu erwartenden spielerischen Nutzung, obwohl sie dafür nicht primär gedacht war, darf das Material z. B. nicht spitz und scharfkantig, locker und beweglich aufgeschichtet sein, daß besondere Gefährdungen bei der Nutzung auftreten können. Die Mauer ist so stabil anzulegen, daß sie nicht ohne massive und mit zerstörerischer Absicht vorgenommene Kraftanstrengung umzustürzen ist. Deshalb empfiehlt es sich gegebenenfalls, entweder sehr großes, schweres Material zu verwenden, das sich fest verankern läßt, und/oder die Bausteine teilweise fest miteinander zu verbinden.

Ist die Mauer dagegen als reine Naturzone angelegt und eine Nutzung, z.B. durch davorgepflanztes dichtes Gestrüpp, nur unter erschwertem Aufwand bzw. offensichtlich entgegen der vorgegebenen Intention möglich, hat sie nicht den Rang eines Spielgerätes und muß nicht entsprechend stabil errichtet sein.

Der Mauer kann ohne Verwendung von Bindemitteln eine relativ hohe Stabilität und damit eine lange Lebensdauer verschafft werden, wenn folgende Hinweise beachtet werden:

– In der ersten Bauphase wird nach dem Erdaushub ein festes Fundament aus einer ca. 20–40cm tiefen Kies- oder Schotterschicht eingebracht. Auf diese Weise kann Wasser leicht versickern und im Winter wird ein mögliches Auffrieren der Mauer verhindert. Die Fundamenttiefe hängt von den regionalen Klimaverhältnissen ab; sie bemißt sich an der üblichen Frosttiefe.

- Die Aufschichtung der Steine erfolgt nach innen hin mit einer leichten Neigung von 10 bis 20%, ev. sogar bis 25%. Die Steine werden dabei sorgfältig, ihrer Form entsprechend, eingepaßt. Zum Ausgleich von Unebenheiten wird Erde, am besten lehmiges Material, als Fugenfüller eingebracht. Im Interesse der Tierwelt sollten bzw. können dabei aber genügend Zwischenräume auch frei von Erde bleiben. Im Inneren der Mauer können durch Verwendung größerer Steinplatten größere Höhlen als Unterschlupf für Tiere mit eingebaut werden. Durch Lücken im Mauerwerk bleiben dafür entsprechende Zugangsmöglichkeiten offen.
- Abfließendes Oberflächen- und Hangsickerwasser kann möglicherweise eine Trockenmauer sehr schnell zerstören. Deshalb muß hinter dem Mauerwerk immer eine drainierende Lockergesteinsschicht aus Sand, Kies oder Bauschutt eingebracht werden. In der Regel kann man dann auf den oftmals empfohlenen Einbau von Drainagerohren verzichten.

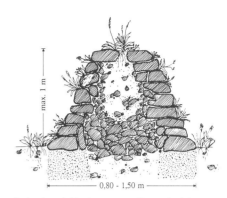
Freistehende Trockenmauer (Querschnitt)

- Auch das Innere einer freistehenden Mauer wird überwiegend mit grobem Material angefüllt. Der schnelle Wasserabzug ist nicht nur für die Stabilität der Mauer von Bedeutung, sondern ebenfalls für die trockenheitsliebende Pflanzen- und Tierwelt.
- Freistehende Mauern schichtet man max. 1 m hoch auf. An ihrer Basis sollten sie mindestens 80 bis 100 cm und max. 150 cm breit sein. Eine gute Stabilität läßt sich mit einer beidseitigen Neigung von 20% erreichen.
- Die Bauarbeiten lassen sich erheblich erleichtern, wenn vor Beginn die Form der Mauer mit Holzpflöcken und gespannten Schnüren markiert wird.[34]

Stützmauer (Terrassierung)

Findlinge, Steine und Kiesel

Je abwechslungsreicher die Bodenbeläge und -materialien sind, desto zahlreicher sind die Wahrnehmungs-, Anregungs- und Spielmöglichkeiten. Findlinge, Felsbrocken aber auch Steinmauern können ein Gelände gliedern und darin Akzente setzen. Sie lassen sich zur Abstützung von Hängen, zum Bau von Terrassierungen, für Aufgänge, Treppen und wilde Kletterberge in vielfältigster Weise einsetzen. Dabei sind sie sowohl baulich-funktional wie sinnlich-spielerisch wertvoll. Sie charakterisieren einen Ort und bieten Identifikationsmöglichkeiten, weshalb sie gerne als Treffpunkt und zum Bespielen genutzt werden. Dabei können nicht nur verschiedene, regional beheimatete Gesteinsarten (Granit, Basalt, Muschelkalk, Sandstein etc.) kennengelernt, sondern diese auch in ihrer Bedeutung für bestimmte Kleintiere und Vegetationen erfahren werden.

Kieselsteine eignen sich hervorragend als Material für verschiedenste Bau-, Zeichen- und Phantasiespiele. Leider sind heutzutage viele einfache Spiele mit Naturmaterialien (z.B. Hüpf-, Geschicklichkeits-, Ratespiele mit kleinen Steinen und Ästen) weitgehend vergessen. Die Dominanz industriell produzierter Spielgegenstände läßt viele Eigeninitiativen und selbstausgedachte Spiele oft gar nicht erst entstehen.

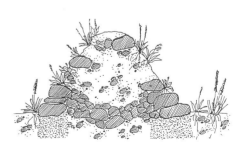
Steingartenwall (Steinbeet)

(Zeichnungen von Dirk Lischewski)

Außergewöhnliche Farben und Formen und besondere Sinneseindrücke (Glänzen, Glitzern) lassen aber immer noch bei manchen Kindern ein magisches Verhältnis zu bestimmten Steinen („Glücksstein") entstehen. Besonders interessant sind Steine in unterschiedlichen Größen an bespielbaren Wasserläufen und bei Wasserspielgeräten. An und mit ihnen lassen sich Dämme und Häfen bauen und ganz nebenbei Phänomene wie der Auftrieb, die Lichtbrechung und das Strömungsverhalten erforschen.

Es ist immer wieder erstaunlich, wie beim Spiel mit Steinen und Stöcken offenbar sehr tief verwurzelte rituelle Formen und Gebilde entstehen. So legen Kinder Kreis- und Ringmuster an, bilden symbolische Feuer- u. Herdstellen, stecken mystische Orte ab und erfinden phantasievolle zeremonielle Handlungen.

Raumbildung durch Bäume und Sträucher

Bäume haben auf Spielplätzen eine große Bedeutung. Einzeln, in Reihen oder Gruppen gepflanzt, sind sie als Träger der 3. Dimension oft die wesentlichsten Elemente der Raumbildung. Die Fläche läßt sich durch sie gliedern, strukturieren und akzentuieren. Für die Nutzer und Bewohner stellen sie optische und emotionale Orientierungspunkte im Wohnviertel dar, erhöhen dessen Qualität und tragen auf unterschiedliche Weise zum Wohlfühlen bei (Luftfeuchtigkeits- und Schattenspender im Sommer; Versinnlichung der Jahreszeiten). Keine Pflanze vermittelt außerdem in diesem Maße den Ablauf größerer Zeitabschnitte und versinnbildlicht den Begriff Kontinuität.

Für eine neuangelegte Spielfläche empfiehlt es sich, nicht nur junge Bäume, sondern zumindest einige stärkere und größere Bäume zu pflanzen, damit auch die ersten Nutzergenerationen etwas davon haben.

Neben den Bäumen formen hochwachsende Sträucher die Höhe des Spielraumes. Je nachdem in welcher Anzahl und auf welche Weise einzelne Gehölze miteinander kombiniert, verbunden oder kontrastierend gegenübergestellt werden, bilden sich unterschiedliche räumliche Dimensionen, Proportionen, Rhythmen, Perspektiven und Atmosphären. Prägende Gestaltungsfaktoren sind dabei für die Herstellung der Tiefe und Weite u. a.:

– die unterschiedliche Größe der Gehölze,
– die Staffelung im Raum (Reihen, Linien, Geraden, Schwünge, versetzte Reihen, Unterbrechungen, Lücken, Durchblicke usw.),
– die Strukturierung der Fläche, die Bildung von kleineren und größeren Gruppen, von Wäldchen und kleinen Lichtungen, sofern die Fläche dies zuläßt, jedenfalls aber von Ecken, Nischen, Winkeln und einzel stehenden Gehölzen (solitär),
– die Anlage und Führung von Wegen, Ausformung von Einzelbereichen, Gestaltung von Plätzen etc. mit funktionaler und atmosphärischer Bestimmung,
– die Zuordnung untereinander (Hinführungen, Rahmungen, Akzenturierungen),
– die Kombination von Hell-Dunkel Tönen (unterschiedliche Grünschattierungen),
– die farbliche Gestaltung durch Blüten und Früchte, Blätter und Stämme, Austriebs- und Herbstfärbungen,
– die Einbindung, Nutzung und Gestaltung des jahreszeitlich wechselnden Tages- und Sonnenlichts, der Schatten, Spiegelungen, Zwielicht etc.,
– die Herstellung oder Vermeidung von Bezügen zur umgebenden Bebauung oder zu angrenzenden Freiflächen,
– die Berücksichtigung eines lokal dominierenden, historischen städtebaulichen oder freiraumplanerischen Gestaltungsprinzips o. ä.

Vor allem durch Bäume und hochwachsende Sträucher erhält der Spielort Höhe, Weite und Tiefe.

Begegnungs- und Treffpunkte

Markante Bäume mit einer positiven Atmosphäre, und das können alle Arten von interessant gewachsenen (Größe, Wuchsform, Krone, Rinde) und gut postierten (Standort, Umgebung, Wegeführung, Aussicht, Sitz- und Lagermöglichkeiten) Laubbäumen sein, laden als Begegnungs- und Kommunikationspunkte für Menschen und Tiere ein. Dies gilt ebenso für schön gelegene Findlinge, Wurzeln, Hügel, gleich ob sie sich an einem zentralen Punkt oder eher abseits befinden.

Wie früher z. B. die Linde auf dem Dorfplatz einen Punkt darstellte, an dem man sich immer wieder einfand, so können Bäume, die an Weggabelungen oder auf Hügeln gepflanzt und ev. mit einer Sitzbank umgeben werden, auch auf Spielplätzen den Charakter von Treffpunkten erhalten („morgen zur gleichen Zeit an der Birke").

Sträucher und Hecken

Gehölze, Sträucher und Hecken können so in einem Ensemble gepflanzt und geschnitten, ev. auch durch zusätzliche Konstruktionshilfen (z. B. Pergolen) geformt werden, daß sie kleine Räume, Nischen, Unterstände und Höhlen bilden. Spielhäuschen sind hier gar nicht unbedingt notwendig, würden aber das Spielangebot verdeutlichen und intensivieren.

Vielfach werden frei wachsende Hecken favorisiert, doch sollte auch daraus kein Dogma gemacht werden. Zu einer kreativen Gartenkultur, ja zu gestalteten Kulturlandschaften überhaupt gehört nun einmal die Ast- und Heckenschere und die Baumsäge. Sie müssen jedoch sinnvoll und überlegt eingesetzt werden, den Interessen der Natur und der Nutzer mit der jeweils notwendigen Gewichtung entsprechen sowie auf einem eindeutigen ästhetischen Gestaltungskonzept basieren. Statt Beliebigkeit ist Gartenkunst gefragt und die fordert qualifizierte Fachleute.

Gerade geschnittene, wandartige Hecken sind weniger geeignet, eine angenehme, anregende Atmosphäre zu schaffen. Je strukturierter eine Gehölzpflanzung ist, desto vielfältiger sind die Lebens- und Spielräume. Verschiedenste Kleinklimazonen (hell/schattig; warm/kühl; trocken/feucht; windig/windgeschützt) bedeuten differenzierte Angebote für Pflanzen, Tiere und Kinder.

Mit dichten Gehölzpflanzungen kann auch eine Art „Wildnis" gestaltet werden, die eine besondere Möglichkeit bietet, sich einen Raum anzueignen. Diese Pflanzung kann auf einer gesonderten, etwas abgelegenen Fläche, ev. auch zwischen einem Wall und einer Einfriedung errichtet werden. Wege sind hier bewußt nicht angelegt worden und die zukünftige Nutzung wird der Zeit und den Kindern frei überlassen. Infolgedessen bahnen sich diese eigene Durchgänge, entdecken Nischen, weiten sie aus und nutzen sie. Mit der Zeit bilden sich so Pfade, Lager, Verstecke usw. Bei einer geschlossenen Bepflanzung wirken solche wilden Bereiche, die für andere Nutzer relativ uninteressant und kaum begehbar sind, nicht „unordentlich" und können daher als „wilder Spielort" oder „Kinderdschungel" akzeptiert werden. Wenn keine größeren sozialen Probleme vorherrschen, entwickelt sich eine eigene Ordnung, ein differenziertes Wege- und Nutzungssystem. Fast immer hält sich die Verschmutzung in akzeptablen Grenzen, die kleinen Nutzer schützen ihr „Paradies". Eher kann es vorkommen, daß andere Personengruppen den Ort z.B. als Müllabladeplatz oder als öffentliches Klo mißbrauchen. In solchen Fällen müssen die konkreten Ursachen festgestellt und entsprechende Gegenmaßnahmen getroffen werden, z.B. Aufstellen von Papierkörben oder mobilen Toiletten.

Nischen und Rückzugsorte

Ungestörtes, vertieftes Spiel ist nur möglich, wenn die Kinder nicht das Gefühl haben, dauernd beobachtet und kontrolliert zu werden. Sie ziehen sich immer wieder gern in kleinräumliche, höhlenartige Strukturen, Gebilde und Architekturen zurück, um sich zu besprechen, auszutauschen, zu beraten, Geheimnisse zu erzählen, Vertrauen zu gewinnen und Spiele zu entwickeln.

Mit einer raumbildenden Bepflanzung ist es möglich, Orte zu schaffen, die Rückzugsmöglichkeiten und ein Gefühl von Geborgenheit und Sicherheit bieten. Solche Orte sind enorm wichtig, insbesondere für Kinder, die weder zu Hause noch in der Schule eine bestimmte Geborgenheit erhalten. Dort läßt sich Wichtiges ungestört besprechen und manches aushecken oder man kann alleine für sich ein, um beispielsweise nachzudenken, zu lesen, Erlebtes zu verarbeiten.

Weidennest

Mit Sträuchern, ev. auch in Kombination mit Bäumen wie Feldahorn oder Wildkirsche lassen sich Räume und Höhlen bilden, wenn man sie in einem Kreis pflanzt und an einer oder zwei Seiten Platz für Eingänge läßt. Für einen Innenraum von ca. 2 m Durchmesser benötigt man etwa 30 Sträucher, wenn die Wände sehr dicht werden sollen, was je nach den örtlichen Wuchsbedingungen ca. 3 Jahre dauert.[35] Gut geeignet sind Pflanzen mit Wurzelbrot wie z.B. Hartriegel, weil sich die Wände dann auch vom Boden her schließen; solche mit Dornen eignen sich hier weniger, auf gar keinen Fall als innerer Kreis.

Eine Kreation der Landschaftsarchitektin Marianne Roland ist das abgebildete Weidennest. Um eine sehr gefühlvoll plazierte Gruppe von Findlingen wurden ringsum Weiden gepflanzt. Bereits nach einem Jahr war ein lockeres, nach zwei Jahren ein dichtes Nest entstanden.

Lebende Wände – Fassadenbegrünung

Eine von Kletterpflanzen bewachsene Hausfassade, Brandmauer oder andere Wand bietet nicht nur für die Augen viel mehr Anregungen als eine kahle Fläche. So läßt sich z.B. bei Wildem Wein der Wechsel der Jahreszeiten farblich intensiv verfolgen. Als relativ anspruchslose und schnell (nach)wachsende Pflanze ist der Knöterich auch zum Bespielen sehr geeignet.

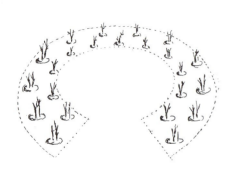

Unter günstigen Bedingungen können Spalierobstbäume gepflanzt werden. Sie setzen eine alte Tradition der Gartenkultur fort, zeigen, wie schön und nützlich der kenntnisreiche Umgang mit der Pflanze sein kann und erfreuen mit eßbaren Früchten.[36]

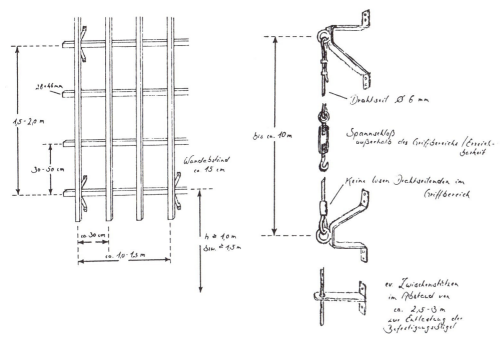

Einfache Beispiele von Kletterhilfen für Schlinger und Winder.

(nach „Fassaden erfolgreich begrünen", hrsg. vom Bayerischen Landesverband für Gartenbau und Landespflege, für Spielplätze modifiziert vom Autor)

Gegebenenfalls empfiehlt es sich bei Fassadenbegrünungen, den Wurzelbereich der Pflanzen vor zu starker Sonneneinstrahlung oder zu intensivem Bespielen zu schützen. Dies ist z. B. mit einer davorgesetzten dichten Buschbepflanzung möglich.

Neben einigen Selbstklimmern wie Efeu und Wildem Wein brauchen die meisten Kletterpflanzen je nach Art ihrer Kletterform bestimmte Kletterhilfen.

- *Schlinger* und *Winder* wie z. B. Geißblatt (Jelängerjelieber), Blauregen[37], Knöterich und Hopfen benötigen senkrecht angebrachte dünne Stangen, Latten, Stäbe, Spanndrähte oder Drahtseile, um sich daran hochzuwinden.
- *Ranker* wie Wein- und Waldreben suchen mit bestimmten Teilen (Sproß- oder Blattstielranker) Halt an dünnen Gittern, Holzgerüsten und -spalieren mit rechteckiger oder diagonaler, rautenförmiger Struktur und klettern daran nach oben. Lattengerüste, Baustahlmatten, Scherenformgitter, in Gitterstruktur angelegte Spanndrähte sind hier zu empfehlen.
- *Spreizklimmer* wie Kletterrosen und Kletterbrombeeren müssen teilweise an die hauptsächlich horizontal verlaufenden Kletterhilfen angebunden werden. Dafür geeignet sind Latten, Stäbe, Spanndrahtkonstruktionen und Drahtseile.[38]

Werden Kletterhilfen wie Gitter, Sprossen, Leitern etc. angebracht, so ist darauf zu achten, daß die Einstiegshöhe (1. Sprosse) nicht unter 1 m liegt, wenn die Gesamthöhe 3 m beträgt. Ist die Kletterstruktur höher als 3 m, dann sollte die Einstiegs-

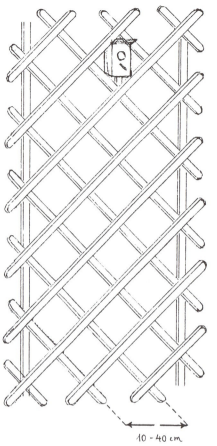

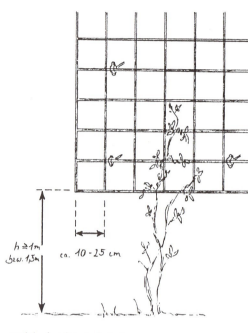

Stabile, fest fixierte Befestigungselemente u. Verbindungen

Wandabstand ca. 7–15 cm je nach Wuchsstärke der Kletterpflanze

Kletterkonstruktionen für Ranker:
Lattengerüst, Scherengitter, ev. Nisthilfen für Vögel
Stärke der Latten wie alle anderen Maße, Verbindungen u. Verankerungen sind nach Pflanzenart, -anzahl und Wachshöhe zu dimensionieren, zudem nach ev. möglicher Bekletterbarkeit und spielerischer Nutzung. Wandabstand 7–15 cm

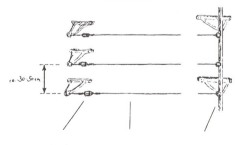

Horizontale Spanndrähte für Klimmer

Drahtspanner u. Verbindungen ohne hervorstehende Drahtseilenden

Spanndraht ø 2,5 mm, verzinkt

Verschiedene Befestigungsarten und Konstruktionen möglich

Wandabstand 10–20 cm

höhe mindestens 1,5 m über dem Erdboden liegen. Damit ist ein Besteigen der Konstruktion im allgemeinen nur für die Altersgruppen möglich, die die damit verbundenen Risiken erkennen können.

Durch bepflanzte Wände ist es möglich, in einem sehr begrenzten Rahmen Natur zu erleben. An den Mauern bzw. Kletterhilfen lassen sich Nistkästen für Vögel, eventuell auch Windspiele, Windharfen u. ä. anbringen. Je nach Art der Pflanzen entsteht eine typische Atmosphäre, die zu einem Aufenthalt einlädt. Um ein längeres Verweilen zu ermöglichen, empfiehlt sich die Anbringung von Bänken, Steinen, kleinen Mäuerchen oder anderen bespielbaren Sitzgelegenheiten. In der Betrachtung des Wuchsverhaltens, der Proportionen der Pflanzenteile zueinander und eventuell zu den Kletterhilfen wird das ästhetische Empfinden und der persönliche Bezug zur Natur gebildet.

Bewachsene Dächer

Früher waren nicht nur Wände und Fassaden viel häufiger mit Pflanzen bewachsen, sondern auch bestimmte Dächer. Meist waren es Flechten und Moose, die ja von erheblichem optischen und atmosphärischen Reiz sind.

Mehrere Jahrzehnte war man vielerorts gewohnt, nicht geplanten Bewuchs, der sich aber auf Grund der existierender Standortbedingungen immer wieder einfand, regelmäßig zu beseitigen. Mittlerweile findet ein Bewußtseinswandel statt. Man begreift die Spontanvegetation als wesentlichen Bestandteil einer intakten Natur und läßt vermehrt zu, was offensichtlich dazugehört.

Bisweilen schafft man sogar die Voraussetzungen, daß sich eine vielfältige und teilweise sehr schön blühende Spontanvegetation ansiedeln kann. So nimmt die Zahl der Unterstände, Geräteschuppen, Grillhütten, aber auch der Vordächer über Hauseingängen wieder zu, auf denen sich Flechten, Moose, Gräser und Wildkräuter einfinden dürfen und sollen. Man kann auf entsprechend vorbereiteten Dächern z. B. auch Magerböden mit trockenem, kiesigem oder schotterigem Material anlegen, um einen Siedlungsraum für Ruderalvegetation bewußt zu schaffen.

Kinder erfahren an bewachsenen Wänden und Dächern weitere Pflanzenarten und insbesonders, wie naturnah, lebendig und dadurch reizvoll menschliche Behausungen sein könn(t)en. Was für die Natur gut ist, ist sehr oft auch für den Menschen von Vorteil.

Lauben und Pergolen

Lauben und Laubengänge, Pergolen u.ä. verbinden die Bereiche Architektur und Natur und schaffen naturnahe, lebendige Räume. Hier gibt es unzählige phantasievolle Konstruktions- und Gestaltungsmöglichkeiten. Gegenüber Fertigbausätzen haben einmalige, mit den Anwohnern, einem ansässigen Handwerksbetrieb oder dem örtlichen Gartenamt ausgedachte Konstruktionen den Vorteil, daß sie einen unverwechselbaren Charakter und hohen Identifikationswert für Kinder und Erwachsene besitzen.

Die Laube kann von verschiedenen Kletterpflanzen bewachsen werden. Verschiedene Geißblatt-Arten wie z. B. Jelängerjelieber, Wald- und Weinreben, Hopfen, Knöterich, Blauregen und Kletterbrombeeren sind besonders geeignet. Wegen der ungenießbaren roten Beeren des Geißblattes bzw. der Dornen bei den Brombeeren muß die Eignung selbstverständlich von Fall zu Fall entschieden werden.

Je nach Konstruktion, Pflanzenart, Standort und Jahreszeit gibt es kühlenden Schatten, angenehmen Halbschatten, gedämpftes, gefiltertes Licht. Sonnenstrahlen lassen im Zusammenspiel mit Bauelementen, Blättern, u.U. auch Früchten (z. B. Wilder Wein oder Brombeeren) mannigfaltige Licht- und Farbenspiele entstehen.

Auch bei Lauben und Pergolen muß darauf geachtet werden, daß kleine Kinder nicht Höhen erklettern können, die sie noch nicht beherrschen. Die Einstiegshöhe z. B. bei höheren Sprossenwänden sollte nicht unter 1 m betragen.

Freilich ist es nicht erforderlich, jede Art von Bekletterbarkeit zu verhindern, was ohnehin kaum möglich ist, wenn man sich den gesunden Erfindungsreichtum der größeren Kinder vor Augen hält. Als Grundsatz gilt, daß ein Erklettern größerer Höhen erst ab einer bestimmten Altersgruppe und nicht zufällig, sondern nur als bewußte und beabsichtigte Handlung möglich sein darf. Von Kindern, die sich Hilfsmitteln wie einer Räuberleiter bedienen, um die Konstruktion zu besteigen, darf vorausgesetzt werden, daß sie das damit verbundene Risikovolumen erkennen können.

Geländemodellierung

Mulden und Gruben

Muldenförmige Vertiefungen, Gruben, Gräben, Geländefalten, Bodenwellen etc. bieten unzählige Spielmöglichkeiten: Hinunterrennen, Hineinspringen und -kugeln, Ball-, Versteck- und Abenteuerspiele. Man kann darin Pläne aushecken, Erlebnisse verarbeiten oder sich einfach geborgen fühlen. Dieser Geländeteil kann offen zugänglich oder von Pflanzen teilweise bis weitgehend umringt sein.

Muldenartige Vertiefungen können über einen Graben oder einen langsam sich vertiefenden Weg einen (oder mehrere) Zugänge besitzen. Das Bodenmaterial des Weges wie der Grube läßt sich aus verschiedenen Materialien gestalten (z. B. Mutterboden; Hackschnitzel; Kies; Sand).

Kuppen, Wälle und Hügel

Sie haben größere Bedeutung als Mulden, da sie den Kindern interessante Perspektiven bieten. Hier kann man einmal „über allem stehen" und alles im Blick haben. Man kann sich dort verabreden oder dorthin zurückziehen, um die Welt zu betrachten, Abstand zu gewinnen, innerlich aufzutanken. Vielfältige Nutzungen sind möglich wie Rollen- und Abenteuerspiele, Radeln und Rodeln, Herunterrollen und -tollen. Bepflanzte Wälle können auch als Abgrenzung und Lärmschutz gegen Straßen und Nachbargrundstücke dienen.

Lauben und Pergolen lassen sich aus den unterschiedlichsten Materialien, auch aus Überresten alter Gebäude, bauen.

Eine gute Planung weiß bei einem geeigneten Gelände verschiedene Nutzerbedürfnisse von vornherein mit einzubeziehen. So bringt z.B. eine winzige Schwelle für Dreirad-, Roller- und Rollstuhlfahrer bereits viel Spaß. Ein größerer Hügel, ein Hang oder eine Böschung lassen sich durch Terrassierungen39, Mulden, Hohlwege, Pflanzungen usw. weiter modellieren und gliedern, wodurch wieder unterschiedliche Spiel- und Aufenthaltsbereiche entstehen. Verschiedene Arten von Höhen-, Böschungs- oder Hohlwegen sind denkbar. Der Hohlweg läßt sich auch als Höhlenweg oder Tunnel gestalten, indem man beidseitig Weidensträucher pflanzt und diese oben zusammenbindet und so ineinanderwachsen läßt. Auch auf regional

Mulden und Gruben

Hohlwege, Höhlen- und Tunnelwege

beheimatete, traditionelle Gestaltungselemente wie Wallhecken, in Schleswig-Holstein auch Knick genannt, sollte hier kreativ zurückgegriffen werden.

Hügel kann man auf der Grundlage folgender Ansätze anlegen. Für einen ca. 1 m hohen Hügel benötigt man eine Grundfläche von ca. 9–16 m (3 x 3–4 x 4 m). Dies hängt vom jeweiligen Aufbau des Hügels aus einem stabilen Kern und der Art des Oberbodens (lehmig oder sandig) ab; je bindiger und haftender dieser ist, je schneller er durch Begrünung und Bepflanzungen stabilisiert wird, desto steiler wird er ausfallen. Die Grundfläche richtet sich natürlich auch danach, ob er eher spitz zulaufen oder von einer flächigen Plattform bekrönt sein soll.

Zunächst sollten die Grasnarbe und eine Schicht von ca. 20 cm des Oberbodens entfernt werden. In der Mitte ist als Füllmasse ein Kern aus Steinen, Kies, unproblematischem Bauschutt etc. aufzuschütten. Dieses Material kann u. U. kostenlos von Baufirmen z. B. bei Bauaushubarbeiten angeliefert werden, weil die Unternehmen dadurch teure Deponiegebühren sparen.

Da sich der Hügel mit der Zeit setzt und sich durch die spielerische Nutzung sowohl an der Spitze wie im Auslauf und Übergang zur Fläche ausrundet, muß ein Hügel ab 1 m Höhe zunächst ca. 0,5 m höher gebaut werden als er später sein soll. Dies hängt allerdings stark davon ab, wie sehr man den Hügel während seines Baus schichtenweise immer wieder maschinell verdichtet. Bei einem konsequenten, lagenweisen Verdichten z. B. mit einem Rüttler ist eine Rutsche nach der Fertigstellung sofort anbaubar.

Über den aufgeschichteten Hügelkern werden ca. 20–40 cm Mutterboden aufgetragen. Darauf wird entweder Rasen angesät oder eine Bepflanzung mit Sträuchern, Wildstauden und Gräsern vorgenommen.

Aufschüttungen müssen ebenso wie Abgrabungen ab einer bestimmten Dimension beim Bauamt angemeldet werden. Die Regelungen sind von Bundesland zu

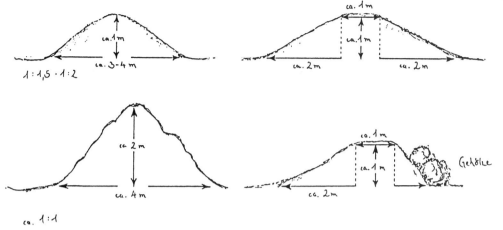

Hügelaufbau

Bundesland verschieden. In Rheinland-Pfalz z. B. sind Aufschüttungen ab 2 m und Abgrabungen ab 1,50 m, in Bayern Aufschüttungen ab 2 m bzw. unter 2 m, wenn die betreffende Fläche größer als 300 m² ist, zu deklarieren.

Durch Gehölzpflanzungen, lebende Hangroste oder verschiedene lebendige Pflasterungen[40] lassen sich Böschungen befestigen und der Spieldruck reduzieren.

Die Praxis hat immer wieder gezeigt, daß sich auch bei künstlichen Landschaften ähnliche Nutzungsmerkmale entwickeln wie in der freien Natur. So entstehen z. B. Höhenpfade und regelmäßige Lagerstellen, die auf Identitätsbezüge hinweisen. Solche Bezüge entstehen vor allem dort, wo das Gelände eine charakteristische Gestaltung und eine positive Ausstrahlung besitzt. Ein Spielplatz kann noch so teuer ausgestattet sein, ohne daß die Kinder eine persönliche Bindung zu ihm entwickeln. Subjektiv wertvoll wird er erst durch seine Stimmung, seine individuell nutzbaren Räume und Nischen, durch seine Spielatmosphäre und bestimmte Lieblingsstellen.

Hilde Richter, eine Pädagogin, die bereits in den 50er Jahren versucht hat, bessere und kindgerechtere Spielplätze zu konzipieren und anzulegen, hat seinerzeit mit Mutterboden bedeckte Hügel der Natur und den Kindern zur freien spielerischen Nutzung angeboten. Der Erfolg war bei den Kindern sehr groß und auch heute versuchen immer wieder Planer, solche wilden Hügel anzulegen. Bedauerlicherweise werden sie jedoch auf Grund bestimmter Ordnungs- und Sauberkeitsvorstellungen häufig verhindert, obwohl der Spielwert und die pädagogische Bedeutung eines solchen Hügels schier grenzenlos sind. Er verändert sich unter der Nutzung der Kinder und den Einflüssen der Natur (Sonne, Regen, Schnee, Jahreszeiten, Pflanzenbewuchs, Tierreich) permanent, bleibt dabei immer lebendig und hält eine wirklich unerschöpfliche Vielfalt an Entdeckungen, Erfahrungen und Spielangeboten bereit.

Rasenbänke

Mit ausgestochenen Rasenziegeln lassen sich verschiedenste Sitz- und Lagergelegenheiten für kleinere oder größere Gruppen formen, wie z. B. Rasentreppen, Rasenschanzen, Sitzrondelle und -ovale, die u. U. an einen bewachsenen Erdhügel angelehnt sind. Solche Formen besitzen durch ihre Andersartigkeit eine starke Anziehungskraft auf Kinder und sind für alle (aus)denkbaren, phantasievollen Arten des Beieinandersitzens, -lehnens und -liegens bestens geeignet. Man kann sich unterhalten, beratschlagen, Pläne schmieden, verbünden, sich streiten und einigen, auseinandersetzen und zueinanderfinden.

Auf Grund ihres hohen Aufforderungscharakters, sich hier regelmäßig zu treffen, zu verabreden und zu versammeln, sind sie Katalysatoren für die Entwicklung sozialer und spielerisch-politischer Strukturen, die Regelung gemeinsamer Anliegen und die Förderung gemeinschaftlicher Gefühle. An Orten mit einer so symbolträchtigen Ausstrahlung kann manche Herrschafts- und Regierungsform spielerisch durchgespielt werden.

Rasenziegel kann man verschieden groß und dick verwenden, nur sollten sie beim Bauen feucht sein. Sie müssen wie Backsteine überlappend über- und ineinandergeschichtet werden, damit die Konstruktion stabil wird. Die entstehenden Lücken bzw. Hohlräume füllt man mit feuchtem Erdreich aus, das humus- und lehm-, jedoch keinesfalls kieshaltig sein darf.

Der Grundriß sollte mindestens 40 cm breit sein und an sich der Höhe orientieren. Je höher die Bank, desto breiter und massiver muß der Grundstock ausfallen. Die Seitenwände können leicht oder stark angeschrägt sein, je nachdem welche Stabilität und welche Art von Sitzmöglichkeit man schaffen möchte.[41]

Aus Rasenziegeln können nach dem Beispiel A. Oberholzers Sitzrondelle und Kommunikationsräume geschaffen werden.

Damit Rasenbänke und dergleichen länger halten, ist es besser, wenn sie erst nach einer gewissen Einwuchszeit zum Bespielen freigegeben werden. Je mehr Erdreich beim Bauen verwendet worden ist, desto länger sollte die Anwuchszeit veranschlagt werden. Diese hängt vom jeweiligen Wetter und jahreszeitlichen Wuchsverhalten ab. Das Frühjahr eignet sich daher besonders zum Bauen.

Auf einem Spielplatz sollte man – noch stärker als in einer Krippe oder einem Kindergarten, für die Rasenbänke etc. im übrigen hervorragend geeignet sind – darauf vorbereitet sein, daß solche Gebilde im Laufe der Zeit in eine Hügelform umgespielt werden. Die Natur verändert sich immer unter ihrer Nutzung und die neue Form eröffnet neue Spielmöglichkeiten.

Ein Umspielen läßt sich teilweise vermeiden, wenn an bestimmten Stellen Findlinge oder Balken eingebaut werden. Langfristig stabile Sitzrondelle kann man z.B. aus Bruchsteinen errichten, die so stabil und fest im Boden und gegebenenfalls miteinander verankert sein müssen, daß sie nicht bei normalen spielerischen Vorgängen umkippen oder wegrollen können. Die Spalten sind so auszufüllen, daß keine Klemmstellen entstehen.

Böden

Die Auswahl des richtigen Bodens für einen Spielplatz ist oft nicht einfach. Um den verschiedenen Kriterien und Anforderungen – einerseits soviel Spielwert wie möglich, andererseits genügend Sicherheit im Fallschutzbereich – zu genügen, wird vielfach so etwas wie eine Ideallösung gesucht. Doch den Untergrund, der für alle Spielflächen, Spielgeräte und Spielsituationen gleichermaßen ideal wäre, gibt es nicht.

Unbeschwertes Spielen auf Naturböden.

In den letzten Jahren sind in zunehmendem Maße industriell gefertigte Kunststoffbodenbeläge auf den Markt gekommen, von denen viele glaubten, damit die Universallösung für alle Bodenprobleme gefunden zu haben. Nur langsam setzt sich die Erkenntnis durch, daß die Gummiböden und Fallschutzplatten neben einigen unbestreitbaren Vorteilen erhebliche Nachteile aufweisen. Die Verwendung solcher künstlicher Bodenbeläge muß sehr differenziert und ausgewählt erfolgen; sie können nie und nimmer eine kindgerechte Universallösung sein, mit der der ganze Spielplatz ausgelegt werden kann. In einem naturnahen Spielraum sollte man sie eigentlich kaum verwenden. Die Eignung einer jeden Bodenart, sei es Sand, Hackschnitzel, Beton oder Fallschutzplatten, hängt von dem jeweiligen Gerät der konkreten Spielsituation, dem speziellen Gelände und dem angestrebten Spielziel ab; jeder Boden hat seine Qualitäten. Bei der Gestaltung einer Spielanlage sollte eine Vielfalt von Bodenarten angestrebt werden, da dadurch der Spielwert in entscheidendem Maße geprägt wird. Je größer und abwechslungsreicher das Angebot an Böden, desto höher der Spielwert einer Spielanlage.

Dies muß die vorrangige Zielsetzung sein, denn eine gute Planung hat nicht nur die Aufgabe, Negatives verhindern und damit die Sicherheitsanforderungen an Böden zu erfüllen, sondern einen möglichst hohen Spielwert zu schaffen.

Der Untergrund auf Spielplätzen hat – ebenso wie die gesamte Anlage – im wesentlichen zwei Funktionen zu erfüllen:

1. Ein möglichst hoher Spielwert muß gewährleistet sein.
2. Die notwendigen Sicherheitsanforderungen müssen erfüllt werden.

Zum Spielwert eines Untergrundes gehört seine Bespielbarkeit, d. h. seine

- Form und Gestaltbarkeit (z. B. Formbarkeit von Sand, Lehm, Oberboden etc.; Beton- und Asphaltflächen als Malangebote). Diese Gestaltbarkeit ist auf herkömmlichen Spielplätzen viel zu gering. Doch gerade über das (Mit-)formen und (Mit-)gestalten bzw. das Verändern finden die Aneignungsprozesse statt, die so relevant dafür sind, daß die Kinder den Spielplatz als ihren Bereich empfinden, sich dort wohlfühlen und sich mit ihm identifizieren. Damit wird ein grundsätzlich positiver Bezug zur Außenwelt hergestellt.
- Lauf- und Sprungqualitäten (für Ball-, Lauf- und Hüpfspiele wie Gummi-Twist usw.).
- Befahrbarkeit mit Fahr- und Dreirädern, Skateboards, Rollschuhen, Kinderwägen, Rollstühlen etc..
- Wasserdurchlässigkeit/Drainagequalität bzw. die Vermeidung von Pfützenbildung an ungeeigneten Stellen wie z. B. an Rutschenausläufen.

SPIELWERT — SICHERH[EIT]

	Modellierbarkeit des Geländes	Fahrqualität	Laufqualität	Bemalbarkeit	Form- u. Gestaltbarkeit	Griffigkeit/Standfestigkeit	Ebenheit	Geschlossenheit	Verletzungsgefahr d. Aufprall	Verletzungsgefahr d. Reibung	Verletzungsgefahr d. Stoppung	Klettergeräte/Türme etc.
1. Beton/Stein		?*1	++	+–	++	––	+	++	++	––	–	+–
2. Bitumengebundene Bodenarten		?*1	++	+–	++	––	+	++	++	––	–	+–
3. Oberboden		++	+	++	––	+–	+	+–	––	–	+–	+
4. Trennflächen		+	++	++	+–	+–	–	+	+	–	–	+–
5. Rasen		++	–	++	––	––	+–	–	–	+–	+	+
6. Kunststoff-Flächen		?*1	++	+	+	––	++	++	++	++	––	––
7. Fallschutzplatten		?*1	++	+	+–	––	++	++	++*2	++	––	––
8. Sand		++	––	–	––	++	++	––	–	++	++	++
Feinkies		++	––	–	––	+	+–	––	–	++	++	++
Hackschnitzel		++	+–	++	––	+–	++	+–	+–	++	++	++

*1 Je nach Verwendungsart: Planierung oder Gestaltung des Geländes?

*2 Aber gefährlich bei Stürzen auf Fremdkörper, weil diese leicht auf dem Untergrund haften bleiben: z. B. Ausstanzungen durch Kronkorken

Bewertungsschlüssel: ++ = sehr gut   + = gut
+– = durchschnittlich
– = schlecht   –– = sehr schlecht

SAUBERKEIT   **KOSTEN**

DIN 7926 Teil 1–5

	Schaukeln	Karussells	Wippen/Waagen	Seilbahnen	Lauf- und Bewegungsspiele	Koordinationsstörungen	Behindertengruppe mit Rollstuhlfahrer	Behindertengruppe der...	Hygiene	Pflege & Wartung	Ökologie	Anschaffung	Austausch	Pflege	Entsorgung
	——*3	——*3	——*3	——*3	+—	++	——	++	++	+—	+—	——	++	—
	——*3	——*3	——*3	——*3	+—	++	——	++	++	+—	+—	——	++	—
	—	—	—	+	+	+	—	+	+	++	++	++	+	++
	—	—	—	+	+	++	+—	+	++	++	——	+—	+	+
	Ø*4	Ø*4	Ø*4	Ø*4	+	—	+—	+	+	++	++	++	—	++
	——	——	+	——	——	++	+	++	++	——*8	——	——	++	——
	——*5	—	+	——	——*6	++	++	+	+—	——*8	——	——	++	——
	++	++	++	++	++	——	+—	+	+—	+—	+	+—	——	+
	++	++	++	++	++	——	+—	+	+—	++	+	+—	—	+
	++	++	++	++	++*7	—	+—	+—	+—	++	+—	+—	——	+

*6 Aber gefährlich bei Stürzen

*7 Jedoch keine Sprungfähigkeit des Balles, daher nicht für alle Ballspiele geeignet

*8 Ungeklärtes Entsorgungsproblem

- Ökologischen und bioklimatischen Qualitäten (also sein Wert als Feuchtigkeitsspeicher und natürlicher Lebensraum) und
- Beobachtungs- und Erlebnisangebote z. B. hinsichtlich Pflanzen, Tieren, Jahreszeiten etc.

Zu den Sicherheitsanforderungen an einen Boden zählen u. a. die Punkte:

- Falldämpfung;
- Griffigkeit, Rutschfestigkeit, Standfestigkeit;
- Eben- bzw. Unebenheit;
- Geschlossen- bzw. Offenheit;
- Grad der Neigung;
- Verletzungsmöglichkeiten bei Stürzen in der Ebene, die ja auf einem Spielplatz nicht die Ausnahme, sondern die Regel sind.

Bei der Auswahl eines Bodens sind darüber hinaus auch der vorhersehbare Pflege- und Wartungsaufwand, seine Hygieneeigenschaften und der ökologische Aspekt zu bedenken. Nicht zuletzt fallen kaufmännische Überlegungen ins Gewicht, wobei nicht nur der Anschaffungspreis, sondern auch die Folgekosten (Pflege, Reparatur, Entsorgung) zu bedenken sind.

Sofern es irgendwie möglich ist, sollte an einer – ev. auch abgelegenen Stelle ein Spielangebot mit Naturmaterialien angelegt werden, mit Lehm, Sand, Kieseln, Steinen und natürlich Oberboden. Loses Material, vor allem Steine, können Probleme bei Pflege und Unterhalt verursachen, wenn sie z. B. von den Kindern in Wiesen verteilt werden, die dann schwieriger zu mähen sind. Umgibt man beispielsweise eine angelegte Mulde, ein Trockenbett oder ein Geröllfeld mit einer dichten Gehölz- bzw. Strauchpflanzung, verbleibt das Material wesentlich besser am Ort.

Nach Beiblatt 1 zu DIN 7926 Teil 1 ist unter Oberboden „die oberste Schicht des durch physikalische, chemische und biologische Vorgänge entstandenen Bodens" zu verstehen. Damit ist die Bodenfläche gemeint, die nur spärlich mit Gras bewachsen und mehr oder weniger festgetreten ist. Trotz keineswegs optimaler Falleigenschaften kommt Oberboden auf Grund seiner multifunktionalen Bedeutung dem idealen Spielplatzboden am nächsten. So eignet er sich hervorragend zum Laufen und Befahren, für die verschiedensten Ball- und Bewegungsspiele und kann auch zum Bauen und Modellieren voll genutzt werden. Das Geländeprofil eines Spielplatzes läßt sich mit ihm ausgezeichnet gestalten.

Die Tabelle auf den Seiten 88 und 89 zeigt die Bewertung von Böden nach spielplatzrelevanten Kriterien.[42]

Lebende Wege

Zu einer naturnahen Gestaltung gehört natürlich auch ein naturnaher Wegebau. Kernpunkt sind dabei die Verwendung von Naturmaterialien, ein umweltgerechter und fachlich richtiger Einbau und eine so gering wie möglich und sinnvoll gehaltene Versiegelung des Bodens. Der Versiegelungsgrad in den Städten ist ohnehin viel zu groß und all die negativen Folgen für das Bodenleben, den Wasserhaushalt, das Klima und damit für Mensch, Pflanze und Tier sind immer wieder spürbar: schlechtes Stadtklima mit heißer, trockener, staubiger Luft in den Sommermonaten und der öde, monotone Anblick der Stadtwüsten drücken gleichermaßen auf die Physis und die Psyche. Auf Grund der ungesunden Lebensbedingungen muß immer wieder künstlich nachgeregelt werden, ein mangelhaftes Unterfangen.

Daher sollte gerade – und in Zukunft noch viel stärker – im Freiflächenbereich so wenig wie möglich versiegelt werden. In bestimmten Bereichen, v. a. auf Schulhöfen, aber auch in Parkzonen und Wohnstraßen ist es höchste Zeit, eine größtmögliche Entsiegelung vorzunehmen bzw. kreative Kompromisse zwischen den Erfordernissen eines städtischen und eines natürlich-gesunden Lebens zu finden.

Betonierte und asphaltierte Flächen und Wege sollten nur dort angelegt werden, wo man bewußt ein Spielangebot z.B. für Skateboards, Rollschuhfahren schaffen will. Beton und Asphalt bieten genauso Spielanreize und -möglichkeiten wie alle anderen Bodenarten, man muß sie nur bewußt im richtigen Umfang und am geeigneten Ort planerisch einsetzen.

Fallschutzplatten aus Kautschuk oder Kunstoff- und Gummibodenbelägen sind zwar für vereinzelte Spielsituationen ganz sinnvoll, dürfen aber keinesfalls in riesigen Flächen eingebracht werden. Auch als Wegeführung, z. B. in Spielbereichen für Kleinkinder sind sie völlig falsch eingesetzt. Kinder müssen in einer möglichst naturnahen Umgebung aufwachsen, sie müssen sich mit ihren Bewegungsabläufen, ihren Sinnen, ihrem ganzen Körperverhalten (Erlernen des richtigen, d. h. selbstschützenden Fallens) und ihrer mentalen Koordinierung auf natürliche Gegebenheiten einstellen, denn diese sind unsere Lebensgrundlage und Ausgangs- und Orientierungspunkt eines menschengerechten Lebens.

Fallschutzplatten sind allerdings für bestimmte Gruppen von Behinderungen, wie z. B. für Koordinationsstörungen, gut geeignet; hier hilft ihre Künstlichkeit. Für andere haben sie jedoch auch Nachteile, denn Blinde können sich z. B. darauf viel schlechter orientieren, weil die akustischen Eigenschaften fehlen oder nur schwach ausgeprägt sind (zu Fallschutzplatten siehe auch S. 135f.).

Wenn man bedenkt, wie stark unser Bezug zur Mitwelt von der Wahrnehmung mit all unseren Sinnen bestimmt wird, wird deutlich, wie wichtig eine sinnlich anregende, vielfältige und positiv besetzte Freiraum- (und auch Architektur-) gestaltung ist. Kinder können sich in unseren Städten viel zu wenig auf natürlichen und lebendigen Böden bewegen. Spielräume und Parks zählen zu den wenigen verbliebenen Orten, an denen Kinder sich nicht nur in, sondern auch auf der Natur bewegen und diese spielerisch kennenlernen – verstehen – können.

Für einen naturnahen Wegebau sprechen:

– besseres Klima mit höherer Luftfeuchtigkeit,
– stärkere Staubbindung,
– relative Erhöhung des Grundwassers bei entsprechender weiterer Behandlung des anfallenden Oberflächenwassers (keine Ableitung in Kanalisation),
– größeres Bodenleben durch verbesserte Lebensgrundlagen für Kleintierwelten wie Käfer, Würmer, Insekten und damit auch für Vögel u. a. Tiere,
– größerer Pflanzenreichtum durch viele, unterschiedlich qualifizierte Standorte für Gräser, Wildkräuter, Moose, Flechten etc.,
– mehr sinnlich-ästhetische Qualitäten.

Dabei sollten weitgehend Materialien verwendet werden, die im regionalen Umfeld vorhanden sind. Natürlich spricht nichts gegen eine Verwendung von z. B. importiertem Marmor für ein Fußbodenmosaik, jedoch kann es aus ökologischen Gründen nicht sinnvoll sein, für jeden einfachen Plattenbelag beispielsweise billigen Granit aus Portugal oder Indien zu beziehen.

Als Möglichkeiten für einen befestigten Wegebau auf möglichst naturnahe Weise bieten sich an:

Wassergebundene Decken

Diese werden gebildet aus einer ca. 3 cm starken Deckschicht aus Lehmsand und Feinkies auf einer ca. 5 cm dicken Lage aus Splitt/Kies (= Ausgleichsschicht) über einer ca. 8–15 cm hohen Tragschicht aus Kies oder Schotter. Wassergebundene Decken sind gut, aber nicht extrem belastbar (keine sehr schweren Maschinen mit starkem Profil oder dünnen Reifen). Sie brauchen keine festen Begrenzungen aus Pflaster- oder Kantensteinen gegenüber Rasenflächen. Dies wäre sehr teuer und unnötig.

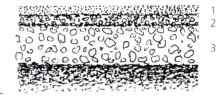

Wassergebundene Decke
1 ca. 3 cm Lehmsand/Feinkies
2 ca. 3 cm Splitt/Kies
3 8–15 cm Schotter

Schotterrasen

Er ist stärker belastbar als normaler Rasen, kann gelegentlich von leichten Fahrzeugen befahren werden und bleibt trotzdem eine grüne, lebendige Fläche. Er empfiehlt sich daher z. B. für den Stellplatzbereich für Fahrräder oder für selten benutzte, aber trotzdem notwendige Anfahrts- und Zugangszonen (oft sinnvoller als die monotonen und meist hartkantigen Rasengittersteine).

Hier wird ein Gemisch im Verhältnis 1 : 3 oder 1 : 2 aus Sand, Mutterboden und Schotter (eher rundes Material, kein spitzer Splitt) in einer Stärke von 10–15 cm auf einer 10–15 cm hohen Ausgleichsschicht aus Schotter eingebracht, das sich über einer 10–15 cm dicken Tragschicht aus Kies- oder Schottersand befindet. Eine alternative Bauweise besteht aus einer 3–10 cm starken Deckschicht auf einer 10–15 cm dicken Ausgleichsschicht aus einem Splitt-Schotter-Gemisch über einer 10–15 cm hohen Tragschicht aus Kies oder Schotter. Auf der gewalzten Oberfläche wird Gras angesät und die Entwicklung von Spontanvegetation zugelassen.

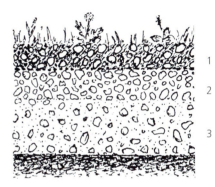

Schotterrasen
1 10–15 cm Sand/Mutterboden/Schotter
2 10–15 cm Schotter
3 10–15 cm (20) Kiessand

Da bei zu geringer Nutzung Wege und Flächen mit der Zeit zuwachsen, kann es in bestimmten Fällen und Bereichen sinnvoll sein, gleich eine solche oder noch einfacher gebaute kostengünstige Magerzone statt einer teuren Wegefläche zu errichten. Es macht keinen Sinn, nicht benutzte Wege ständig mit hohem Pflegeaufwand von Pflanzen frei zu halten.

Pflaster aus rund gewaschenen Fluß-Steinen

Weil mit hohem Arbeitsaufwand verbunden, ist die Herstellung leider relativ teuer. Aus Kostengründen wird es meist nur an besonders repräsentativen Stellen von Städten angelegt. Es eignet sich sehr gut im Bereich von Wasserspielanlagen, Brunnen etc., weniger für Wege, die mit Dreirädern, Kinderwagen u. ä. befahren werden.

Rasenpflaster aus Natursteinen

Aus Natursteinen (aber auch aus Betonsteinen und Klinkern) läßt sich ein optisch ansprechender Weg oder Platz schaffen. Das Großpflaster wird in ein 3–5 cm (sel-

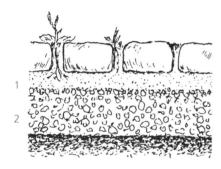

Rasenpflaster
1 3–5 cm (5–10) Pflastersand
2 15–20 cm Kiessand oder Schotter

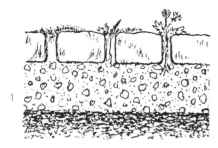

Rasenpflaster
1 15–20 cm Kiessand

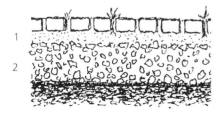

Pflaster (z. B. Katzenkopf)
1 3–5 cm Sand
2 10–15 cm Kies oder Schotter

Platten
1 ca. 5 cm Pflastersand
2 10–15 cm Kies

ten 5–10 cm) starkes Bett aus Pflastersand/Splitt über einer 15–20 cm hohen Tragschicht aus Kiessand oder Schotter gesetzt (bei Kleinpflaster: 10–15 cm Tragschicht), wobei die Fugen breiter als 1 cm und mit einem Gemisch aus 70% Sand, 30% humosem Mutterboden und Saatgut gefüllt sein sollten. Das Pflaster darf keine obenliegenden scharfen Kanten haben, an denen sich Kinder beim Hinfallen verletzen können.

Eine alternative Bauweise besteht aus einem 15–20 cm hohen und verdichteten Kiessandgemisch ohne eine zusätzliche Schicht aus Pflastersand/Splitt.

In den Ritzen und Fugen gedeihen im Laufe der Zeit Moose, Gräser, Wildkräuter (z. B. Einjähriges Rispengras, Strahlenlose Kamille, Breitwegerich, Löwenzahn), und dabei auch eine Trittvegetation, zu deren Lebensbedingungen ein Betreten und Befahren in begrenztem Umfang gehört.

Pflaster sind aus den unterschiedlichsten Materialien (Naturstein, Ziegel, auch aus Beton gibt es mittlerweile gute, vielfältige und preisgünstige Angebote) und in den verschiedensten Größen (Großpflaster, Katzenkopfpflaster etc.), Kombinationen und Mustern möglich. Früher waren die Pflasterungen der Wege und Straßen eine traditionsbewußte kunsthandwerkliche Angelegenheit. In manchen Städten Europas besinnt man sich seit einigen Jahren wieder auf diese Tradition und läßt sie wieder aufleben. Dies geschieht nicht nur der Tourismusbranche zuliebe, sondern schafft auch ein unmittelbares kulturelles Identitätsbewußtsein in einer Stadt und fördert das sinnliche Wohlbefinden seiner Bewohner.

Rasenpflaster sind ein gut belastbarer Untergrund auch für Parkplätze und Parkbuchten, z. B. vor dem Spielplatz und ebenso in Wohngebieten.

Plattenwege aus Naturstein

Damit lassen sich sehr ebene Flächen anlegen, die gut befahrbar sind. Zudem animieren sie zum Laufen, Hüpfen, Springen und Malen. Schiefer zeichnet sich durch sehr gute Bemalbarkeit aus, da sich jedoch spitze und scharfkantige Teile mit der Zeit ablösen, ist der hohe Spielwert nur in bestimmten Bereichen einzusetzen.

Die Platten oder Klinker werden auf einer ca. 3–5 cm starken Ausgleichsschicht aus Pflastersand über einer 10–15 cm hohen Tragschicht aus Kies verlegt. Dies muß sehr sorgfältig gemacht werden, damit die Platten sich nicht teilweise senken, (Aufragen von Spitzen, unnötige Stolperstellen sind zu vermeiden) und bei stärkeren Belastungen nicht brechen.

Holzpflaster aus Stirnholz

10–20 cm hohes Stirnholz (am besten harte Holzarten wie Eiche, Robinie) wird in ein ca. 5 cm starkes Splittbett gesetzt, das auf einem Schotteruntergrund von

10–20 cm Höhe ruht. Holzpflaster sind für stärkere Belastungen wie z. B. Hausdurchfahrten etc. geeignet, ferner als Bodenbelag für Lauben o. ä.

Balkenwege

Hierbei werden Holzpaneele oder -roste auf z. B. 6 x 8 cm starken Kanthölzern verlegt. Diese ruhen auf einer ca. 2–3 cm starken Lage aus Splitt über einer 10–20 cm dicken Tragschicht aus Schotter.

Bei allen Holzbelägen sollte zuviel Feuchtigkeit vermieden bzw. für ein gutes Abtrocknen gesorgt werden. Natürlich hat auch ein bemooster Holzweg seinen Reiz und mancherorts sicher seine Berechtigung, stellt jedoch wegen der Rutschgefahr vor allem für ältere Nutzer eine Gefährdung dar. Für Kinder kann ein rutschiger Holzbalken freilich eine Menge Spielfreude bringen. Der Ort für „Holzwege" sollte besonders gründlich ausgesucht werden.

Rindenhäcksel oder Rindenschrot (auch Mulchweg)

Über einer 10–15 cm starken Schotterschicht wird ein Belag von ca. 6–10 cm Hackschnitzel eingebracht. Der Untergrund muß eine relativ gute Drainagewirkung haben (nicht zu lehmig), da Staunäße zu vermeiden ist. Zu viel Feuchtigkeit läßt die Hackschnitzel zu einem wenig attraktiven, schmierigen Untergrund werden, die Rindenstücke verrotten, womit die weiche, federnde, einem Waldboden ähnliche Qualität dieses Bodens zunichte wäre.

Gegebenenfalls empfiehlt sich ein Trennvlies zwischen den Hackschnitzeln und ein Zweischichtenaufbau (vgl. S. 136f.). Nach einiger Zeit muß, je nachdem wie stark die Mulchschicht ausgedünnt ist, neues Material ergänzt werden.

Natürlich ist es möglich, solchen und anderen naturnahen Wegen auch ein ästhetisch gestaltetes Gepräge zu geben. So lassen sich durch die verschiedenen Steine oder Hölzer Strukturen und Ornamente anlegen oder zumindest einige Akzente setzen. Auch hier muß aber vor Beliebigkeit gewarnt werden. In welche Landschaft und in welche Spielzone welches Material und welches Oranament paßt und wie es hinsichtlich Dimensionierung, Stil und Farbe gestaltet werden soll, darüber kann nur vor Ort von kompetenten Personen entschieden werden.

Vielleicht können traditionelle Muster aus der Architektur oder Volkskunst wiederaufgenommen oder auf diese verwiesen werden. Es ist auch möglich, einen ganz eigenen, zeitgenössischen oder modernen Stil eines Künstlers oder Kunsthandwerkers sprechen zu lassen. Freilich muß er in irgendeiner sinnvollen Beziehung zu seiner Umgebung stehen und auf möglichst unaufdringliche Weise etwas Positives für die jungen und älteren Menschen bringen. Natur, Ästhetik und funktionale Spielraumgestaltung können sich auch hier wunderbar ergänzen.[43]

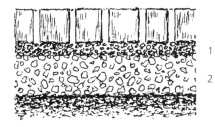

Stirnholzpflaster
1 ca. 5 cm Splitt
2 ca 10–20 cm Schotter

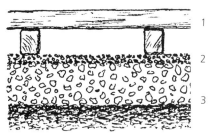

Balkenweg
1 Kanthölzer z. B. 6 x 8 cm
2 ca. 3 cm Splitt
3 10–20 cm Schotter

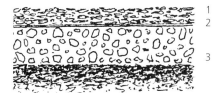

Rindenmulch
1 6–10 cm Hackschnitzel
2 Vlies
3 10–15 cm Schotter

Gestaltete Natur als Spielangebot

Blätter schwimmen im Wasser und werden als „Fische" bespielt.

Pflanzen und Pflanzenteile wie Äste, Wurzeln, Rinden, Knospen, Blätter, Kätzchen, Blüten, Pollen, Samen und Früchte ermöglichen im Spiel vielfältige naturkundliche, biologische, physikalische, sinnlich-ästhetische und sogar philosophische Erfahrungen.

Geniale natürliche Konstruktionen und Bauprinzipien können hautnah erlebt und für das eigene spielerische Handeln genutzt werden. Die unterschiedlichen Flugeigenschaften verschiedener Blätter, die Tragfähigkeit und Elastizität von Ästen und Gräsern, die sich in Bauspielen beweist, die Zusammensetzung von Kastanien und Bucheckern, all das zeigt, wie multifunktional, flexibel und phantasievoll die Natur angelegt ist.

Zudem wird dabei eine Idee von einer Technik vermittelt, die im Zusammenspiel mit der Natur wirkt, die Teil eines ökologischen Systems ist und obendrein als etwas Kunstvolles und Ästhetisches erfreut. Je naturnaher die Pflanzenwelt ist, desto plastischer wird offenkundig, wie positiv, bereichernd und obendrein nutzbringend multikulturelle (Pflanzen)-Welten im Gegensatz zu Monokulturen sind.

Bisher wenig genutzt hat man die vielfältigen Gestaltungs- und Spielmöglichkeiten mit Wildstauden.[44] Hier wäre es schön, wenn auch größere Pflanzen angesiedelt werden könnten, wie z. B. die beeindruckende Königskerze. Stark wachsende und relativ robuste Pflanzen wie z. B. Hopfen, Knöterich oder das schnell wuchernde Springkraut (Impatiens glandulifera), das mit seinen bei Berührung aufspringenden Samenhülsen zu vielen Spielen animiert, empfehlen sich besonders. (Das Springkraut vermehrt sich sogar so stark, daß z. T. andere Pflanzungen davor geschützt werden müssen.)

Was sich in den Wiesen und Wäldern von alleine ergibt, ist in der Stadt nur als eigens zur Verfügung gestelltes Angebot möglich. Daß an Plätzen und in Parks Blumenbeete angelegt und regelmäßig bestückt werden, damit auch der Stadtmensch etwas (v. a. blühende) Natur erleben kann, gilt mittlerweile als selbstverständlich.

Von Kindern arrangierte Löwenzahnblätter – die Natur regt an zu schöpferischem, ästhetischem Gestalten.

Wieso sollte es daher nicht möglich sein, daß auch auf bestimmten Spielplätzen blühende Pflanzen, Schnittblumen etc. als Rabatten gesetzt werden. Entscheidend ist hier, daß zumindest das maßvolle Abbrechen und Zerpflücken der Blumen durch die Kinder nicht als Zerstörung, sondern als gesundes, positives, ganzheitliches Erleben anzusehen ist.

Vereinzelt hat man bereits Versuche unternommen, Astschnitt auf speziellen naturnahen Spielflächen liegen zu lassen, damit sich Kinder daraus u. U. Hütten oder Indianerzelte bauen können. Da die „unaufgeräumt" herumliegenden Äste häufig auf Unverständnis bei älteren Anwohnern stoßen, die sich in ihrem Nutzungsinteresse beeinträchtigt fühlen, und umfangreichere Aufräumarbeiten erforderlich machen, scheinen solche wilderen Spielräume zur Zeit nur an besonders geeigneten Orten möglich zu sein.

Ohnehin bestünde die konsequenteste Lösung darin, so etwas wie eine natürliche Wildnis zuzulassen, z. B. auf einem Brachland, in einem Teil eines Parks oder an einem Flußufer. Dort könnten sich die Kinder dann aus dem Unterholz und Gestrüpp selbst ihr Bau- und Spielmaterial holen und wieder liegenlassen. Leider sind diese idealen Spielräume weitgehend aus unseren Städten und vielfach auch aus den Dörfern verschwunden.

Das Photo auf der nächsten Seite zeigt eine von Kindern gebaute Hütte aus Ästen und Stämmen, die seit langer Zeit am Rande eines Waldspielplatzes von Kindern frei genutzt werden dürfen. Die Bauwerke werden immer wieder „zerstört", d.h. freigegeben, um eine neue Konstruktion zu errichten. Da die Nutzung trotz direkter Nähe zum Spielplatz (5 m Entfernung) zu keinerlei Konflikten mit anderen Nutzergruppen und zu keinen Sicherheitsproblemen geführt hat (z. B. Verbauen von Sicherheitsbereichen, ständige Beeinträchtigung der notwendigen Fall-

dämpfung unter einer hohen Schaukel), kann sie auch aus sicherheitstechnischer Sicht akzeptiert werden. Dies ist ein Beispiel für eine kreative und trotzdem sicherheitsbewußte Kontrolle, die nicht von theoretisch denkbaren Gefährdungen aus spekuliert und schnell verhindernd einschreitet, sondern die faktischen Gegebenheiten zunächst prüft und sich dann für eine Akzeptanz dieses freien Spielangebots entscheidet. Viele ältere Besucher sind übrigens sehr angetan von den einfallsreichen und phantasievollen Bauten der Kinder.

Wenn loses Material zum Spielen nicht angeboten werden kann, empfiehlt es sich, auf Spielplätzen robuste, schnell nachwachsende Weiden-, Hasel- u.a. Sträucher mit dem Hintergedanken zu pflanzen, daß sich Kinder ab und zu daran bedienen können. Es sollte auf Spielplätzen, in Kindergärten und in Parks grundsätzlich gutgeheißen oder zumindest stillschweigend geduldet werden, wenn Kinder einmal ein paar Äste abreißen, um z.B. mit ihren Taschenmessern zu schnitzen oder ein Abenteuerspiel in Szene zu setzen.

Baumstämme und Steine

Liegende Baumstämme und Findlinge

Umgestürzte oder gefällte Baumstämme bilden ebenso wie Findlinge beliebte Orientierungs-, Treff- und Aufenthaltsorte. Man kann darauf sitzen und liegen, herumklettern und balancieren, hinauf- und herunterspringen. Auch physikalische Gesetzmäßigkeiten lassen sich sinnlich erleben. So erwärmt sich ein Stein durch die Sommersonne anders als ein Baumstamm und er gibt die Wärme abends anders ab als der Erdboden. An einem frisch gefällten oder bereits morschen Baumstamm lassen sich viele interessante und wichtige Beobachtungen über das Wachsen und Zerfallen, das Gedeihen und Vergehen und über die Struktur, die Zusammensetzung und den Aufbau der jeweiligen Baumart machen.

Bei Baumstämmen und Findlingen, die als öffentliches Spielangebot angelegt werden, ist aus Sicherheitsgründen eine Entfernung oder Entschärfung aller gefährlichen, d.h. spitzen Äste bzw. scharfen Kanten notwendig. Harte, spitze Ecken und Kanten müssen soweit glattgeschliffen werden, daß sie entschärft sind.[45] Ferner müssen Baumstämme und Findlinge so standsicher im Gelände fixiert sein, daß ein zufälliges Rollen oder Umkippen beim Spiel unmöglich ist bzw. diese von spielenden Kindern allein nicht umgekippt werden können.[46]

Gestaltete Baumstämme

Seit jeher werden nach bestimmten ästhetischen Vorstellungen gestaltete Hölzer als optisch interessante oder bespielbare Objekte auf Spielplätzen aufgestellt. Die Palette der Möglichkeiten ist hier sehr weit. Allerdings ist die Grenze zum Kitsch fließend und von Willkürlichkeiten abzuraten. Es gibt jedoch viele gelungene Beispiele, in denen die Würde des Materials erhalten, seine Wesenheiten herausgearbeitet, eine stimmige Struktur in einem Relief oder einer Skulptur geformt worden ist. Bisweilen ist sogar eine traditionell beheimatete Volkskultur, eine Schnitzkunst oder ein typisches ornamentales Muster wieder einmal sichtbar zu machen.

Insgesamt kann die Frage, in welcher Weise ästhetisch bzw. künstlerisch gestaltete Objekte für einen Spielbereich geeignet sind, nur im jeweiligen örtlichen Zusammenhang beantwortet werden. Daher sollte man sich bei der Konzeption einer Skulptur genau überlegen, welche Bedeutung sie für welche Personengruppen haben könnte. Konkrete Tier- oder Menschengesichter, bildliche Fabelwesen etc. sind grundsätzlich ebenso denkbar wie relativ abstrakte Gebilde, die z. B. die Form eines Auges andeuten. Freilich ist meist eine freiere Gestaltungsart zu bevorzugen, die nicht alles sagt und deutlich macht und keine Fragen mehr offen läßt. Ein Gebilde, das zu verschiedenen Sichtweisen, zu Interpretationen und emotionalen Reaktionen anregt, animiert zu einer stärkeren inneren Beschäftigung und zu mehr Gesprächen; es ist lebendiger. Über die Gestaltung von Naturmaterialien, über das schöpferische, künstlerische Bildnis wird die Aufmerksamkeit des Kindes auf verschiedene natürliche und kulturelle Formensprachen gelenkt, seine Wahrnehmung geschult und sein ästhetisches Empfinden geprägt.

Gestaltete Steine

Ähnliches läßt sich über die Gestaltung von Steinen sagen. Insbesondere dominierende Elemente wie Skulpturen müssen auf irgendeine Weise mit den Standortbedingungen, der vorherrschenden Atmosphäre, den hauptsächlichen Nutzungsinteressen (nur betrachten oder auch bespielen?) korrespondieren (Ergänzung, Erweiterung, Harmonie oder angregender Kontrast). So können für einen Kleinkinderbereich große, im Sand liegende Tierfiguren und für einen parkähnlichen Innenhof die ausdrucksstarke Mimik eines steinernen Kopfes anregende Akzente setzen. Auch abstraktere Formen wirken am richtigen Platz belebend, indem sie zur sinnlichen und sinnhaften Beschäftigung herausfordern.

Gestaltete Objekte lassen sich in folgende Rubriken einteilen:

– Spielgeräte, die aus dem Material Stein, Holz, Metall u.a. gearbeitet wurden;
– gegenständliche oder freie Formen, die auch zum Spielobjekt werden. Dies gilt z.B. für viele Brunnenskulpturen;
– Gebilde, die die Atmosphäre ihres Umfeldes (mit)prägen, aber nicht bespielt werden.

Alle diese Arten gestalteter Objekte tragen zur Ortsidentifikation bei, besitzen einen Wiedererkennungs- und Erinnerungswert und sind Auslöser für vielfältige, mit dem Innenleben des Einzelnen korrespondierende Gefühle.

Solche auf Spielplätzen aufgestellte Baumstämme und Steine, die bespielt und beklettert werden können, dürfen keine scharfen und spitzen Ecken und Kanten aufweisen, die zu Verletzungen führen können. Sie müssen standsicher aufgestellt sein und, falls eine freie Fallhöhe von mehr als zwei Metern allgemein leicht erklettert werden kann, mit einem falldämpfenden Untergrund wie Fallsand, Kies, Hackschnitzel o. ä. ausgestattet sein.

Gestaltete Baumwurzeln – „Geisterwald"

Für den abgebildeten Geisterwald fanden Buchenstämme mit einem Umfang von 80–100 cm Verwendung. Die Stämme wurden umgekehrt, so daß die zuvor freigeschwemmten Wurzeln nach oben ragen, 60–100 cm tief in den Untergrund eingelassen und dort mit Steinen und Magerbeton befestigt. Die Höhe beträgt zwischen 2 und 2,5 m, wobei die Stämme nur von größeren und geübteren Kindern erklettert werden können. Der Boden besteht aus einer dichten Rasenfläche.[47]

Der Geisterwald dient als Treffpunkt und ungewöhnliche Klettermöglichkeit und erzeugt zu bestimmten Jahres- und Tageszeiten eine märchenhafte Atmosphäre. Im ehemaligen Wurzelbereich haben sich mittlerweile verschiedene Pflanzen angesiedelt, die die Lebendigkeit erhöhen und zu sinnlichen Ent-

Geisterwald von Hans Deutschle

deckungstouren einladen. Dies ist eine Möglichkeit, unter Berücksichtigung von Sicherheitsfragen eine Art Geisterwald künstlich herzustellen, der mit seiner geheimnisvollen Ausstrahlung Kinder fasziniert.

Ein tatsächlich naturbelassenes Gelände mit Wildwuchs, umgestürzten Bäumen und Dickicht dagegen besitzt nicht nur für Kinder eine außerordentliche Attraktivität, sondern auch für Erwachsene.

Weidenkonstruktionen

Weidenhäuschen, Weidentunnel

Kopfweiden sind ein typisches Beispiel für ein kultiviertes Nutzgehölz. Seit alters dienen sie als natürliches Rohmaterial für das Flechten u. a. von Körben. In den letzten Jahren wurden Weidenruten auch als Baumaterial wiederentdeckt. In schulbiologischen Zentren, Kinder- und Schulgärten werden damit z. B. lebende Zäune als Einfriedungen von Biotopen, Teichen, Nutz- und Ziergärten etc. angelegt.

Besonders großer Beliebtheit erfreuen sich lebende, d.h. weiterwachsende Weidenhäuschen. Sie sind relativ einfach anzulegen, indem im Abstand von ca. 20–40 cm größere Ruten ca. 40–60 cm tief in die Erde gesteckt werden. Dazwischen kann man dann, je nachdem wie dicht die Wände werden sollen, einige

Weidenhaus
Die Zweige werden miteinander verbunden und ineinander verflochten.

kleinere Ruten einpflanzen. Die Triebe können ab einer bestimmten Länge wieder miteinander verflochten werden, so daß ein sich verdichtendes lebendes Naturhaus entsteht. Gegebenenfalls ist es auch möglich das Haus zu erweitern, indem man die in einem oder zwei Jahren gewachsenen Ruten abschneidet und damit einen zweiten Raum anbaut. Für Weidenhäuschen gibt es unterschiedlichste Bau- und Pflanzmöglichkeiten.

Um Enttäuschungen zu vermeiden, muß man die Standortbedingungen genau prüfen und einen geeigneten Platz auswählen. Bauen mit Naturmaterialien erfordert immer ein bestimmtes Wissen.[48] Die Erde darf auch in heißen Sommern nicht austrocknen, sondern muß immer relativ feucht bleiben, damit zumindest der größte Teil der Ruten wurzelt und austreibt. Der Standort sollte daher entsprechend geschützt und schattig, eher lehmig humos als sandig-kiesig sein oder/und gegebenenfalls künstlich gewässert werden. Ansonsten kann z. B. in der Nähe befindlichen Pflanzen zuviel Wasser entzogen werden, daher sollte u. U. ein genügend großer Abstand zu diesen eingehalten werden. Ideal sind Weidenhäuschen in der Nähe von natürlichen oder künstlichen Wasserläufen, z. B. bei Brunnen, Wasserspielgeräten, Sickergruben etc.

In und an diesen Pflanzenhäusern läßt sich nicht nur wunderbar spielen, sondern sie vermitteln auch Ideen von natürlichen Konstruktionen und naturnahen Architekturen. Hier können Erinnerungen an die Ur- und Frühgeschichte der Menschheit wachgerufen werden, als ausschließlich mit Naturmaterialien gebaut wurde. Ebenso sind Bezüge zu den Völkern herzustellen, die als Nomaden

Lebende(s) Kuppelhaus (-höhle)

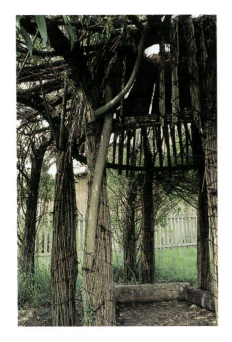

Lebende Architekturen von Marcel Kalberer

noch in relativ starkem Einklang mit der Natur leben und dabei ebenso einfache wie genial konstruierte Behausungen nutzen wie Tipis, Jurten, Pfahlbauten, Beduinen-Zelte, Schilfhäuser und -boote usw.

Weidentürme, Weidenlauben

Natürlich sind bei entsprechend stärkerer Konstruktion auch größere Strukturen und Gebilde aus Weiden-, Eschen-, Pappel-, Haselnuß- u.a. Ruten möglich. Hier empfehlen sich starke Tragebögen, die aus einem Bündel zusammengebundener Ruten gebildet werden. Die Verankerungen und Verbindungen müssen entsprechend stabil und fachkundig angelegt werden. Maße können nicht generell festgelegt werden, sie hängen von dem jeweils verwendeten Material und der Art der Konstruktion ab. Über große Erfahrungen verfügt hier die Gruppe „Sanfte Strukturen" um den Architekten Marcel Kalberer und seine Frau Dorothea Kalb-Brenek.

Die frisch geschlagenen oder durch Einlegen in Gewässer biegsam und lebendig gehaltenen Ruten werden zu Bögen mit Stärken von 20–60 cm, teilweise sogar bis 80 cm gebündelt. Diese Bündel müssen relativ gleichmäßig aufgebaut und fest zusammengebunden werden, dann sind Spannweiten von 4–14 Metern möglich. An dickstämmigen Bäumen oder ähnlichen Gegenständen werden diese Bögen im mittleren Teil gleichmäßig gebogen, aufgestellt und in ca. 60 cm tiefe Fundamente gesetzt.

Laube – Billafingen

Solche Konstruktionen lassen sich nicht vorher berechnen, es bedarf dafür großer Erfahrung. Daher sollten Laien zunächst mit kleineren, einfacheren Strukturen beginnen oder Fachleute heranziehen.

Freilich ist es auch möglich, zunächst eine Stahlrohrkonstruktion zu errichten und diese mit Weidenruten zu ummanteln. Auf beide Arten lassen sich Lauben und Pergolen, ja ganze Türme und Säle entwickeln und bauen, nach einigen Jahren ergänzen, erweitern, umbauen oder zusätzlich mit Kletterpflanzen wie Wildem Wein, Hopfen, Knöterich etc. beranken.

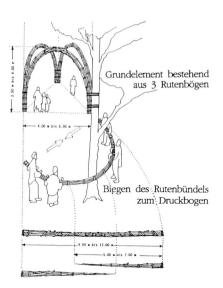

Pflanzendschungel

Weidendschungel

Bei einem Weidendschungel wird ein u.U. modelliertes Gelände mit Weidenstecklingen oder langen Weidenruten bepflanzt. Viele phantasievolle, vorher genau konzipierte Anlagen oder spontane Gestaltungen vor Ort zusammen mit den zukünftigen Nutzern und deren Eltern sind gleichermaßen möglich. Die Pflanzung läßt man zunächst zwei Jahre wachsen, und entscheidet dann, ob man der Natur ihren Willen läßt, sich durch die Nutzung bereits ein guter lebendiger Spielraum entwickelt hat oder noch einmal gestalterisch durch Schneiden und ev. Neupflanzungen tätig werden will.

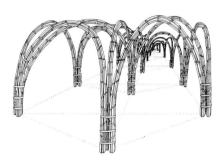

(Zeichnungen von Marcel Kalberer)

Eine weitere Möglichkeit besteht darin, eine Raumstruktur zu bilden und die Ruten und Triebe ineinander zu flechten und miteinander zu verbinden, z.B. mittels Schnüren oder abgeschnittenen dünnen Weidenruten. Dabei ist immer darauf zu achten, daß in den Spielbereich keine harten, spitzen Äste ragen und die Konstruktion für die jeweilige Nutzung stabil genug ist, d.h. keine unnötigen Gefährdungen durch die Gestaltung entstehen. Mit den im Laufe der Zeit nachwachsenden Trieben verfährt man ebenso, wodurch sich eine flexible Struktur ergibt, die sich ständig verändert bzw. immer wieder verändert werden kann. So lassen sich kleinere oder größere Innenräume bilden, neue Eingänge einbauen, zusätzliche Fenster herausschneiden usw.[49]

Ein solcher Weidendschungel kann allerdings nur entstehen bzw. fortbestehen, wenn der Nutzungsdruck nicht zu hoch ist. Bisweilen ist bereits von vornherein eine so starke Nutzung vorauszusehen, daß die Konstruktion vermutlich nur für eine bestimmte Zeitspanne halten wird. Trotzdem kann es richtig sein, sie zu bauen, da sie den Kindern in dieser Zeit schöne Erfahrungen und viel Spielfreude ermöglicht. Ein Spielangebot, das so beliebt ist, daß es relativ bald abgespielt ist, ist jedenfalls sinnvoller als eine Einrichtung, die wenig genutzt, eine lange Lebensdauer garantiert.

Bambusdschungel

Weidendschungel (frisch gepflanzt)

Bambusdschungel

Er animiert zu Versteck- und Such-, Höhlen- und Abenteuerspielen. Hier sind Bewegungs- und Rollenspiele in Gruppen möglich, oder man kann sich beizeiten zurückziehen, treffen und unbeobachtet unterhalten. Während ansonsten meist die Erwachsenen über die Beobachtungsmöglichkeiten verfügen ist hier das Verhältnis einmal umgekehrt.

Der Dschungel muß so angelegt sein, daß er sich immer wieder regenerieren kann. Wichtig ist daher, daß die Jungpflanzen nicht zu schwach sind und in größeren Mengen gepflanzt werden. Bei starker Nutzung ist eine größere Dimensionierung notwendig, damit sich der Nutzungsdruck auf viele Pflanzen verteilt.

Bambuspflanzen brauchen einen frischen, lockeren, humosen Boden und einen warmen, sonnigen Standort. Gute Ergebnisse wurden in der Praxis auch an halbschattigen und schattigen Standorten erzielt. Entgegen manchem Vorurteil darf der Platz nicht zu feucht sein, auf gar keinen Fall Staunäße aufweisen (Referenzplatz: seit 1983 befindet sich ein stark genutzter Bambusdschungel in der Spielzone Ost des Westparks in München).

(Plan von Gerhard Zemanek)

Pflanzenlabyrinthe

Anders als die kirmesartigen Irrgärten, in denen man sich in den Sackgassen immer wieder verläuft, gelangt man beim sich auf antike Vorbilder beziehenden Orientierungslabyrinth immer ans Ziel. Dieses erreicht man allerdings nicht auf dem theoretisch denkbaren kürzesten, geraden Weg, der hier gar nicht einzuschlagen ist. Man muß sich dem vorgegebenen weit verschlungenen, unbekannten Weg ausliefern, will man das Ziel finden. Dabei kommt man diesem zwar bisweilen sehr nahe, erreicht es jedoch erst nach Durchschreiten des ganzen (Aufgaben-)Feldes.

Das 1993 vom Gartenamt München angelegte Labyrinth aus Hainbuchen ein halbes Jahr nach seiner Fertigstellung.

Natürlich ist ein solches Labyrinth ein Symbol für den individuellen Lebensweg. Der zu beschreitende Weg versinnbildlicht die innere Annäherung an den Kernpunkt einer Frage, eines Themas, einer äußeren oder inneren Aufgabe und insbesondere die individuelle Selbstfindung („Wir sind. Aber wir haben uns nicht. Darum werden wir erst" – Ernst Bloch). Ehemals war das Labyrinth, das es seit über 5000 Jahren gibt, eine Symbol- und Kultstätte für eine radikale Selbst- und Existenzerfahrung.

Da die Wegführung nicht von vornherein zu durchschauen ist, ist der Eintritt ins Labyrinth mit einem Wagnis verbunden. Es lockt nicht nur das Ziel, sondern ebenso das Abenteuer des nicht vorhersehbaren und berechenbaren Weges.

Ein Pflanzenlabyrinth ist nur sehr bedingt für wildere Spiele geeignet, da es an keiner Stelle zerstört werden darf. Es wird zwar gerne von Kindern durchlaufen und für Versteckspiele genutzt, ist freilich vor allem für ruhige, besinnliche Spiele gedacht. Daher sollte es nicht auf einem herkömmlichen Spielplatz sondern eher in einer weitläufigen Parkanlage angelegt werden, wo es von allen Altersgruppen erfahren werden kann.

Geeignet sind viele Pflanzenarten wie Weiden, Hainbuchen, verschieden blühende Gehölze, ev. auch mit Dornen, die alle dem Labyrinth einen speziellen Charakter zu verleihen vermögen. Es gibt auch Anlagen, die aus verschiedenen Gehölzen kombiniert worden sind. Ein aus Weizen gestaltetes Labyrinth auf der IGA Stuttgart '93 hat sich auf Grund seiner Empfindlichkeit nicht bewährt.

Problematisch ist vor allem der Zeitpunkt, wenn das Zentrum erreicht worden ist. Kinder haben oft nicht die Geduld, den ganzen Weg zurückzulaufen und suchen daher Abkürzungen. Das Übersteigen oder Durchschlüpfen der Pflanzenwände führt schnell zu größeren Löchern. Auch hier gibt es eine planerische Lösung, einen Ausweg, indem vom Zentrum ein weiterer Weg direkt ins Freie führt. Diesen Weg konnte man nicht vorher von außen als Eingang wahrnehmen, da er z.B. hinter einer Gehölzreihe versteckt liegt.

Labyrinthe wirken am stärksten, wenn sie mindestens eine Höhe von 2m besitzen. Aus unterschiedlichen Gründen ist gerade im Zusammenhang mit Kindern und Spielräumen eine geringere Höhe anzuraten. Die beschriebenen elementaren Erfahrungen werden auch in einer niedrigen, überschaubaren Anlage ermöglicht, ja sie können sogar bei ganz flachen Strukturen aus Steinen oder anderen Materialien oder bei Fußbodenmosaiken gemacht werden. Entscheidend ist immer die innere Bereitschaft, sich auf diese äußere und innere Reise körperlich, geistig und seelisch einzulassen.

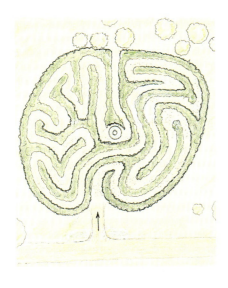

Das hier skizzierte Labyrinth ist aus Hainbuchen 1993 in München im Luitpoldpark vom Baureferat Gartenbau angelegt worden und wird von jung und alt rege genutzt.

Spielgeräte in naturnahen Spielräumen

Da viele Kinder heute nur mehr wenig mit der bloßen Natur anzufangen wissen und viele Spiele in Vergessenheit geraten sind, werden naturnahe Spielgelände anfangs oft wenig angenommen. Hier sollten nicht vorschnell Planungsfehler befürchtet, sondern das für richtig erkannte Konzept geduldig und weitsichtig behandelt werden. In manchen Fällen empfiehlt es sich, an einem sinnvollen Platz ein oder mehrere Spielgeräte aufzustellen. Durch einen solchermaßen interessanten Mittelpunkt werden Kinder angelockt. Fast immer entwickelt sich in der Folge ein Kontakt zur Natur, und nach und nach entdecken und nutzen die Kinder deren Vielfalt und die darin enthaltenen Spielmöglichkeiten.

Ergänzung von Natur und Spielgeräten

Spielgeräte haben insbesondere die Aufgabe, Ausgleichsmöglichkeiten für die oft sehr mangelhafte Bewegungs-, Kommunikations- und Spielsituation in unseren Städten und Kommunen anzubieten. An bestimmten Geräten können die Kinder auch gestaltend tätig werden. Von einem Spielgerätehersteller, einem Handwerksbetrieb oder in Eigeninitiative gefertigte Spielgeräte müssen solide und – entsprechend dem von der DIN 7926 vorgegebenen Sicherheitsvolumen – sicher gebaut sein und sollten einen möglichst hohen Spielwert besitzen.

Häufig werden Spielgeräte zu einseitig allein auf ihre Funktionalität hin betrachtet und ausgesucht. Der Wert eines Spielgerätes setzt sich zusammen aus

- seinen direkten und indirekten Spielmöglichkeiten (z. B. die Rutschfläche als attraktiver Kletterweg),
- seinen in und an ihm verwendeten Materialien, deren Behandlung und deren sinnlichen Qualitäten (z. B. Bearbeitung des Holzes),
- einer materialgerechten, klaren und nachvollziehbaren Konstruktion und Architektur (z. B. Sichtbarkeit der tragenden Konstruktion),
- den verwendeten bzw. entwickelten technischen Details (z. B. Verbindungselemente),

- seiner Ästhetik, seinen Proportionen etc. (z. B. welches Raumgefühl wird in einer Spielhütte vermittelt),
- seiner Atmosphäre, die es ausstrahlt und schafft (z. B. eine Stimmung, die von angenehmen Farben oder einer unaufdringlichen Konstruktion ausgehen).

Je mehr ein Spielgerät dazu einlädt, es anzufassen, zu betasten, genau zu betrachten, sich daran anzulehnen, sich darin aufzuhalten, darauf barfuß zu gehen, seine Materialien und Konstruktion zu spüren und zu fühlen, desto positiver ist dies.

Weitere wichtige Kriterien sind:

- eine möglichst einfache, klare und verständliche Form von Montageanleitungen und Wartungshinweisen (die ja von der DIN 7926 Teil 1 – Abs. 6 Instandhaltung – auch verlangt wird),
- eine zuverlässige Ersatzteilbeschaffung (z. B. für Verschleißteile, denn jedes beliebe Gerät unterliegt einer Beanspruchung, die zu Verschleiß führt),
- eine möglichst gute und klare Entsorgungsmöglichkeit, bzw. eine klar erkennbare, langfristige Bereitschaft des Herstellers, dieses zunehmende Problem möglichst gut zu bearbeiten und an einer Lösung verantwortlich mitzuwirken (hier muß und wird die Legislative in Zukunft einiges wohl noch regeln).

Alle Eigenschaften, die zu einem möglichst hohen Grad an Erlebnisvielfalt und Spielfreude beitragen, prägen damit den Spielwert. Dieser ist das wichtigste Kriterium für ein Spielgerät. Natürlich muß es auch der Norm entsprechend sicher sein, doch soll diese Art von Sicherheit einen möglichst hohen Spielwert garantieren.

Ein Spielgerät sollte nicht nur solchen hohen und umfassenden Qualitätsanforderungen genügen, sondern zudem an einem geeigneten Standort plaziert werden und in ein möglichst positives Verhältnis zu seiner Umgebung eingebunden sein. Die Kriterien hierfür sind die Spielmöglichkeiten, Gerätemerkmale, Standortbedingungen, Verkehrsverhältnisse, Nutzer- und Anwohnerinteressen etc. Der Spielwert bestimmter Geräte kann sich erst dann entfalten, wenn das Umfeld stimmt.

Kurz nach Fertigstellung der Anlage ist noch deutlich zu sehen, wie das Gelände strukturiert und modelliert wurde.

In der Stadt, aber auch in ländlichen Gebieten müssen Pflanzen und Spielgeräte – ebenso wie Natur und Architektur – keinen unverträglichen Gegensatz bilden. Dies wird in letzter Zeit öfters von einigen Pädagogen und Planern behauptet, die eine auschließende Alternative formulieren: „Natur statt Spielgeräte als der bessere Spielplatz". Dies kann nur als modische Umkehrung der bislang vorherrschenden Praxis verstanden werden, bei der die Natur im Spielgeräteparcour keine Chance hatte. Beide Ansätze polarisieren und interpretieren die Idee einer menschengerechten Stadt einseitig. Notwendig ist gerade eine Synthese von Natur und Architektur.

Um dies ganz pragmatisch an Beispielen zu formulieren: Natürlich kann man wunderbar an Hügeln herunterrutschen und an Ästen schaukeln. Aber eine gute Rutsche und eine gut proportionierte Schaukel bieten eine ganz andere Art von Spielmöglichkeiten.

Es gibt viele Wege, wie Pflanzen und Spielgeräte nebeneinander bestehen und sich in ihren Erfahrungs- und Spielangeboten ergänzen können. Ein Spielgerät kann, wenn es gut gemacht und sinnvoll eingesetzt wird, durchaus eine Bereicherung für ein naturnahes Spielgelände sein. So ist es möglich, durch Gehölze einen Raum und eine Spielatmosphäre zu schaffen, die mit den Nutzungsmöglichkeiten eines Gerätes zusammenpassen. Heftiges und lautes Spielen läßt sich von einem ruhigeren Spielbereich durch Pflanzungen abgrenzen, wodurch sich konfliktbildende Überschneidungen der gegensätzlichen Nutzungsräume verringern lassen. Natur- und Gerätestrukturen können im kontrastierenden oder verknüpfenden Zusammenspiel ästhetisch gelungen, sinnlich anregend, emotional einladend und rational sinnstiftend wirken.

Im einzelnen kann auf einem aufgeschütteten Hügel eine Rutsche aufgelegt und der Aufstieg als Klettersteig angelegt werden. Eine Rutsche ist an Hochsommertagen auch in der Mittagshitze zu benutzen, wenn sie von schattigen Baumkronen umgeben ist. Eine Schaukel unter hohen Bäumen wirkt viel attraktiver als inmitten einer leeren Fläche. Die Konstruktion eines Seilzirkus kann auf spannende Weise mit Ästen, Zweigen und Blättern korrespondieren. Die Sandkiste lädt nur in einem relativ windgeschützten Bereich zu einem längeren Aufenthalt ein. Entsteht durch den Windzug ein Blätterrauschen in der schützenden Gehölzreihe, wirkt dies angenehm und beruhigend.

Eine gute Planung kann aus der Kenntnis der örtlichen und sozialen Gegebenheiten ein auf die spezifische Situation zugeschnittenes Konzept entwickeln, das von den Nutzergruppen später auch mitgetragen wird.

Spielhütten und Baumhäuser

Spielhäuschen in Buschgruppen

Spielhäuschen animieren viel stärker zu bestimmten Rollen- und Phantasiespielen und sind als Treff-, Begegnungs- und Rückzugsorte viel attraktiver, wenn sie nicht inmitten einer offenen Fläche, einsehbar von allen Seiten, stehen, sondern z.B. in einer Busch- und Baumgruppe eingenistet sind.

Gerade das Zusammenspiel von Naturraum und Konstruktionsraum, die Licht- und Schattenspiele der Blätterdächer, die nach und nach auftauchende Kleintierwelt in einer Gehölzgruppe, das feuchtigkeitsspendende Kleinklima der umgebenden Bäume, der kühlende Windhauch in der Hütte prägen den Reiz und das Spielangebot. Da die Pflanzen in das Spiel mit einbezogen werden, eignen sich hier keine Sorten mit Stacheln und Dornen.

Baumhäuser

Nach wie vor erfreuen sich selbstgebaute Baumhäuser größter Beliebtheit bei Kindern ab dem Schulalter. Hier wird ein eigener Lebensbereich erobert und gestaltet, man will sich verwirklichen, kann sich bewähren, muß sich auseinandersetzen und in einer Gruppe behaupten. Selbstentfaltung und soziales Miteinander sind gleichzeitig möglich, ja bedingen sich sogar. Der Bau eines wilden Baumhauses hat viel mit urgeschichtlichen sowie mit demokratischen Gesellschaftsprozessen zu tun. Solche selbstorganisierten, freien Bauaktionen sind ein besonders deutliches Beispiel dafür, wie Spiel sein und was es alles enthalten sollte. Spiel ist hier tatsächlich Leben.

Leider sind solche freien Bauaktionen heute nur mehr in dörflichen Gegenden und auch dort nicht überall möglich. Nur wenige Spielplätze bieten dafür einen gleichwertigen Einsatz. Sie sind zwar viel sicherer als solch unkontrollierte Spiele, bieten jedoch bei weitem nicht so viele kreative und persönlichkeitsbildende Möglichkeiten. Daher ist es fatal, wenn diese natürlichen Spielangebote zunehmend verschwinden. Man muß sich immer wieder bewußt machen, daß Spielplätze meistens nur eine mehr oder weniger gut gelungene Notlösung sind. Sie müssen verbessert werden, doch das eigentliche Ziel darf nicht aus den Augen verloren werden: Freies, nicht funktionalisiertes Spielen muß als elementar wichtiger Bestandteil des Lebens wieder soviel wie möglich im Alltag zugelassen werden.

Baumhäuser auf öffentlichen Spielplätzen müssen, gleich von wem sie gebaut worden sind, den Anforderungen der DIN 7926 entsprechen. Wilde Bauten müssen hier, weil sie als öffentliches Spielgerät erscheinen, daraufhin überprüft und gegebenenfalls nachgerüstet oder beseitigt werden.

Je leichter die Dächer bekletterbar sind, desto stärker müssen sie dem zulässigen Verhältnis Fallhöhen – Untergrund entsprechen. Kann man auf das Dach nur mit großer Geschicklichkeit gelangen, darf vorausgesetzt werden, daß eine solchermaßen befähigte Person auch selbst sicherungsfähig ist.

Baumseile und Pendel

Zwischen Bäume gespannte Seile und an Ästen befestigte Pendel sind Beispiele dafür, wie mit einfachen Mitteln lebendige Spielangebote geschaffen werden können. Besonders reizvoll ist hier die Verknüpfung von Natur und Geräteteil. Über die spielerische Nutzung wird zugleich die Elastizität eines Astes, das (Mit-)Wippen der Zweige und das Rascheln der Blätter freudvoll erlebt. Dabei läßt sich beobachten, daß der Wind dieses Spiel genauso und bisweilen – wie die Kinder – sogar mit stürmischer Heftigkeit betreibt.

Nicht erlaubt sind allerdings offene, längere Seilenden, bei denen Schlaufenbildung möglich ist (Strangulationsgefahr). Die genannten Konstruktionen sind als Spielgeräte nach DIN 7926 zu behandeln und müssen daher auch gewartet werden.[50] So sind die Äste auf ihre Haltbarkeit hin regelmäßig zu überprüfen. Im Pendelbereich dürfen sich keine spitzen und harten Gegenstände befinden; spitze Äste z. B. müssen entfernt werden.

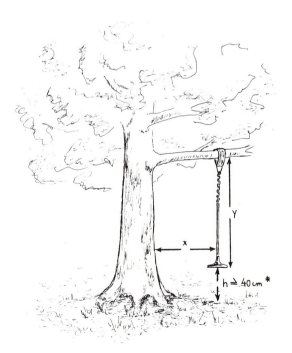

Baumpendelschaukel

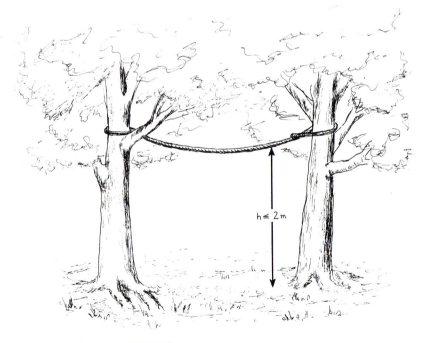

Baumseil zum Schwingen und Hangeln

Bei der Sitzhöhe (*) der Baum-Pendel-Schaukel ist das mögliche Herabdrücken des Astes durch das Körpergewicht des spielenden Kindes zu berücksichtigen (Zugprobe). Der notwendige Abstand x hängt von der Länge der Abhängung y ab. Folgende Richtwerte sind zu empfehlen (analog zu DIN 7926 I 4.2.10: Klettertaue):

$y \leq 200\,cm \quad \rightarrow \quad x \geq 60\,cm$

$y \leq 400\,cm \quad \rightarrow \quad x \geq 100\,cm$

Rutschen

Bei Rutschen wird häufig die eindimensionale Nutzung (Rutsche rauf, Rutsche runter) beklagt. Natürlich können Rutschen ebenso für Kletter-, Fang- und Phantasiespiele benutzt werden, doch bei größerem Andrang reduziert sich das sehr schnell auf die eigentliche Rutschfunktion, was zur Bildung von Warteschlangen führt.

Dieser Automatismus läßt sich relativ gut auflösen, wenn man Rutschen nicht alleinstehend in einer Fläche aufstellt (Bockrutsche), sondern sie auf einem Hügel oder Hang auflegt (Hangrutsche) und verschiedene Austiegsmöglichkeiten schafft (normaler Weg, Klettersteg, Treppen z.B. aus Hölzern, Findlingen etc.). Damit ist nicht mehr nur das Herunterrutschen das Spielziel und der Aufstieg notwendiges Mittel dazu, sondern letzterer hat eine eigene Wertigkeit bekommen und ist auch ohne zu rutschen wertvoll. Zudem hat man bei aufliegenden bzw. integrierten Hangrutschen kein Problem mit Freien Fallhöhen, so daß keine falldämpfenden Untergründe unter dem Aufstiegs- und Einstiegsbereich angebracht werden müssen.

Wurde eine Rutsche in einen neu errichteten Hügel eingebaut, ist im ersten Jahr mehrmals zu prüfen, inwieweit sich der Hügel abgesenkt hat bzw. abgespielt worden ist. Oft führt abgespieltes Erdreich nämlich zu einer Freilegung von Fundamentteilen im Einstiegsbereich bzw. zu einer Auffüllung am Rutschenauslauf, wodurch das Spiel beeinträchtigt werden kann.

Bildet sich Spontanvegetation, sollten Pflanzen mit Stacheln und Dornen im Sicherheitsbereich entfernt werden. „Weiche" hereinragende Zweige z.B. von Büschen stellen keine Gefährdung dar, können sogar den Sicherheitscharakter verstärken.

Hängebrücken

Nicht nur über stehende oder fließende Gewässer sind Hängebrücken denkbar. Sie können Hügel, Anhöhen, Plattformen, Türme und vieles mehr verbinden. Aus Holz und Seilen[51], möglichst einfach und anschaulich gefertigt, weisen sie

auf urzeitliche Nutzungsformen natürlicher Baumaterialien hin. Zugleich zeigen sie, daß praktische und spielerische Nutzung durchaus zusammengehören können.

Plattformen an Bäumen

Unterschiedliche Plattformkonstruktionen können an Bäumen und um sie herum errichtet werden. Auch bestimmte Arten von Baumhäusern sind vorstellbar, bei denen ökologische und sicherheitstechnische Aspekte genügend berücksichtigt wurden. Die Wurzeln dürfen durch ev. Fundamentbildungen nicht bzw. nur so gering wie möglich beschädigt, Stamm und Äste nicht durch Manschetten etc. eingeschnürt werden; durchgehende Schrauben schaden dem Baum weitaus weniger. Runde Aussparungen an Plattformböden und Dächern für hindurchwachsende Stämme und Äste müssen soviel Spielraum haben, daß die Bäume weiterwachsen können[52]; im Lauf der Jahre sollten die entsprechenden Durchlässe kontrolliert und gegebenenfalls vergrößert werden. Die Bauten müssen den Anforderungen der DIN 7926 entsprechen. Unnötige, nicht erkennbare Gefahren wie Klemmstellen, spitze, nach oben geöffnete Winkel etc. sind zu vermeiden.[53]

Durch Seile, Leitern, Stege, Rampen, Brücken etc. lassen sich Verbindungswege und Klettermöglichkeiten herstellen. Die Jahreszeiten, der Wind und Licht-Schatten-Spiele sind hier, zwischen Himmel, Blätterdach und Erde besonders intensiv erlebbar.

Plattformen an Bäumen

Wasserspielanlagen

Das Grundelement Wasser sollte wie das Element Erde auf einem Spielplatz möglichst umfassend erlebt und bearbeitet werden können. Das Erfahren von Wasser in all seinen Wesenheiten und Qualitäten, in seinen verschiedenen Aggregatzuständen (flüssiges Wasser, gasförmiger Dampf durch Verdunsten, festes Eis durch Überfrieren im Winter) und physikalischen Gesetzmäßigkeiten (Strömungsverhalten, Lichtbrechung, Auftrieb) ist sehr wichtig und von hohem Spielwert für die Kinder.

Wasser ist auch ein Basisstoff zum Formen, Bauen und Gestalten. In Verbindung mit Sand, Erde, Lehm, Kies, Steinen, Stöckchen etc. kann gemantscht, geknetet und geformt werden. Miniaturlandschaften, Brücken, Burgen, Tore lassen sich errichten und mit weiteren Materialien, Tier- und Menschenfiguren, bespielen.

Fließende und stehende Gewässer animieren ebenso zum in sich selbst versinkenden Spiel ganz allein wie zu gemeinsamen und kommunikativen Bau-, Gestaltungs-, Rollen- und Phantasiespiel. Gerade in der Beschäftigung mit Wasser ist das Wechselspiel von eigenem funktionalem Nutzungsinteresse und persönlicher Auseinandersetzung, ja Auslieferung an die unbeeinflußbaren Wesenheiten und Eigensinnigkeiten der Materie, das Wechselspiel von Aneignung (Akkomodation) und Angleichung (Assimilation) besonders intensiv und wertvoll.

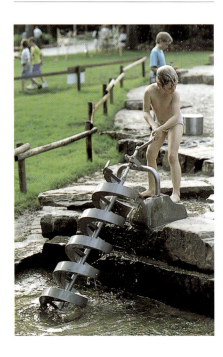

Für einen Spielplatz empfiehlt sich zum einen ein natürliches oder naturnah gestaltetes Angebot, mittels dessen Wasser erfahren werden kann, z. B. Regenrinnen, Trockenbachläufe, die sich mit Niederschlagswasser füllen, kleine Sammelbecken für Regenwasser etc. Auch kleine Unebenheiten im Boden können durchaus gewollt angelegt sein, damit sich dort Pfützen bilden dürfen. Da Wasserleitungen im Winter abgestellt werden müssen, lassen sich kleine Eisflächen selten gezielt anbieten. Daher sind Pfützen und kleine Sammelbecken meist die einzige Möglichkeit für ein solches Erfahrungs- und Spielangebot.

Auch Pflanzen, auf deren Blätter der Regen prasselt, sind eine Möglichkeit, Wasser zu erleben. Wenn sich die Tropfen auf den Blättern zu Rinnsalen zusammenfinden, bis sich das Blatt neigt oder wenn Sonnenstrahlen die Tropfen in funkelnde Perlen verwandeln, können funktionale und ästhetische Zusammenhänge erlebt, ja förmlich eingeatmet werden.

Zum anderen kommt ein konstruktiv gestaltetes und bauliches Angebot in Form von Pumpen, Brunnen, Fließbecken und -rinnen, Schöpfrädern, Matschtischen, Baggern, Transport- und Bauspielgeräten usw. in Frage. Die Archimedische Spirale beispielsweise, die der Designer Günter Beltzig als stabiles Spielgerät wiederbelebt hat, erlaubt ein Spiel mit einer alten genialen Erfindung und lehrt nebenbei auch technisches Verständnis.

Wasserspielgeräte müssen technisch gut konstruiert und robust ausgeführt sein. Die Lager und Ventile dürfen von Sand- und Erdpartikeln nicht so leicht verunreinigt und verstopft werden, damit auch bei starkem Bespielen die Funktionsfähigkeit nicht verloren geht. Kinder versuchen mit dem Gerät zu spielen, seine Funktionalität zu beeinflussen und verstopfen dabei gerne Öffnungen etc. Das Gerät sollte so konstruiert sein, daß eine wirkliche Verstopfung relativ schwer erreicht werden kann. Trotzdem: Wasserspielgeräte müssen im allgemeinen relativ häufig gewartet werden und sollten daher eine hohe Wartungsfreundlichkeit besitzen, die den Aufwand so gering wie möglich halten.

Es empfiehlt sich, den Wasserspender auf einer erhöhten Stelle, z. B. auf einem Hügel oder auf stufenförmig aufgebauten Spielpodesten und Plattformen anzulegen, so daß das natürliche Gefälle genutzt werden kann. Der direkt an die gestalteten und gebauten Wasserläufe angrenzende Spielbereich sollte gegebenenfalls so angelegt sein, daß das Wasser relativ gut abfließen kann, damit die Kinder nicht gezwungen sind, ständig in Pfützen zu stehen (Durchnäßte Schuhe im Herbst sind kein Spielwert). Dies ist durch eine geschickte bauliche Gestaltung z. B. mit Findlingen und größeren Steinen, mit Pflaster oder mit Podesten möglich.

Das Bett für den Wasserlauf kann unterschiedlich angelegt werden. Es kann

– in einer unveränderbaren Form mit ausgeformtem Bett aus Beton, mit Zementmörtel verbundenen Pflastersteinen und darin fest eingebundenen Findlingen gebaut sein, oder

Ableitung des anfallenden Wassers in angrenzendes Naturgelände, Wäldchen, Wildnis o. ä. Eventuell Einleitung in dortiges Gewässer. Dieses kann offen zugänglich oder nur erschwert und damit für bestimmte Altersgruppen erreichbar sein.

– zwar fest geformt, aber zusätzlich mit beweglichem Material wie Sand, Kies, Flußkieseln aufgefüllt sein, so daß es zumindest teilweise von den Kindern gestaltet werden kann oder

– als ein weitgehend naturnah gestalteter Bachlauf aus beweglichen Naturmaterialien wie Lehm, Kies, Sand, Steinen etc. angelegt sein.

Zumindest bestimmte Teile des Wasserlaufs sollten von den Kindern selbst gelenkt und gestaltet werden können. Mit losem Material wie Sand, Erde, Steinen, Stöckchen können sie Dämme und Burggräben, Landschaften und Häfen bauen und/oder sich phantasievolle Rollen- und Abenteuerspiele (z. B. Schatzsuche) ausdenken. Je größer und vielfältiger die Gestaltungsmöglichkeiten sind, desto besser ist die Anlage.

Auch die DIN 18034 befürwortet ausdrücklich Spielangebote mit Wasser: „Die unterschiedlichsten Spiel- und Erlebnismöglichkeiten von natürlichem, künstlichem, fließendem oder stehendem Gewässer sollen genutzt und/oder angeboten werden. Die Wassertiefe darf bei zum Spielen angelegten Gewässern max. 40 cm betragen".[54]

Dies gilt wohlgemerkt für angelegte Gewässer, d.h. tiefere natürliche Bereiche sind nicht generell verboten. Hier muß von Fall zu Fall entschieden werden, ob freier Zugang uneingeschränkt oder nur eingeschränkt lassen.

Als Grundanforderungen an die Wasserqualität sind maßgeblich:

– Die Wasserqualität sollte soweit wie möglich erkennbar sein. Kinder brauchen sinnlich wahrnehmbare Kriterien, an denen sie sich zur Selbstsicherung und kreativen Entfaltung orientieren können.
– Erfolgt der Zufluß aus einer Zapfstelle (Wasserhahn, Wasserpumpe etc.), muß das Wasser Trinkwasserqualität besitzen. Denn Kinder sind gewöhnt, daß das Wasser aus dem Wasserhahn und anderen Zapfstellen trinkbar ist.
– Wasser, das aus anderen Zuflüssen wie Regenfallrohren kommt oder sich in Bächen, Teichen, Tümpeln, Pfützen befindet bzw. sich dort gesammelt hat, muß nicht Trinkwasserqualität haben. Kinder können heutzutage kaum daran gewöhnt sein, bedenkenlos aus Bächen und Teichen zu trinken, da die Umweltverschmutzung fast überall und bereits im Kindergarten thematisiert wird.[55]

Falls nur mit solchem Wasser gespielt werden kann, sollte an anderer Stelle auf dem Spielplatz ein Trinkwasserangebot vorhanden sein. Denn wenn die Kinder im Sommer Durst bekommen, sollten sie nicht dazu verführt werden, Brauchwasser zu trinken.[56]

– „Wasser, das einmal durch den Wasserspielbereich durchgelaufen ist, ist ‚verbrauchtes Wasser'. Es darf nicht aufbereitet und erneut verwendet werden, da in diesem Zusammenhang jede Wasseraufbereitung unzulänglich bleibt."[57]
– „Werden kleine Bäche mit in das Spielsystem einbezogen [...], muß sichergestellt sein, daß das Wasser nicht mit Fäkalien durchsetzt ist. Es genügt die Qualität von Naturbad-Wasser. Im Zweifelsfall sollte das Gesundheitsamt oder eine andere sachverständige Institution zugezogen werden."[58]

Damit Wasser nicht unnötig vergeudet wird, empfehlen sich Pumpvorrichtungen anstelle von Wasserhähnen etc. Wenn Wasser nur absichtlich und verbunden mit einer Eigenleistung erhältlich ist, wird der Wert des Wassers als etwas nicht selbstverständliches erhöht. Dies regt die Beschäftigung mit physikalischen und ökologischen Zusammenhängen an und liefert außerdem ein Erfolgserlebnis für die persönliche Anstrengung.

Da meistens das Grundwasser „nicht angezapft werden darf, gibt es Pumpen, die über eine Ventilkombination an das Drucknetz angeschlossen werden können".[59] Wasserspielanlagen müssen frostsicher installiert werden. Trotzdem ist es u. U. ratsam, die Pumpanlagen und Wasserspender abzubauen, wenn das Wasser im Herbst abgestellt wird. Denn nicht funktionsfähige Apparaturen verleiten wie defekte Geräte oftmals zu Aggressionen und Zerstörungen.

Der Wasserablauf am Ende der bespielbaren Wasserwege sollte nicht über Gullys o. ä. (diese zu verstopfen ist ein verlockender Spielanreiz), sondern über ausreichend d. h. großzügig dimensionierte Dränagen erfolgen. Günter Beltzig empfiehlt, die Dränagerohre mit einer Schicht aus Grobkies zu überdecken. Über ei-

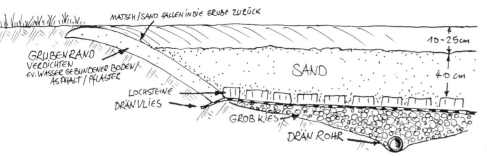

Wasser-Matsch-Spielgrube
(Zeichnung von Günter Beltzig)

nem Vlies sind dann ca. 40 cm Spielsand aufzufüllen. Als günstig hat es sich nach seinen Erfahrungen auch erwiesen, wenn das Vlies vor Einbringung des Sandes mit Rasengittersteinen abgedeckt wird. Beim Austausch des Sandes oder anderen Arbeiten kann so das Vlies weniger leicht beschädigt werden.[60]

Die Dränagerohre sollten in einem zentralen Sammelschacht mit Sandabscheider zusammenlaufen, bevor das Wasser in die Kanalisation abfließt (keine Umwälzung und Wiederverwendung des Wassers). Ökologisch sinnvoller ist es, das Wasser großflächig versickern zu lassen und dadurch dem Grundwasser zuzuführen.

Eine gute Variante besteht auch darin, das bei einem Wasserspiel anfallende Wasser in einem Randbereich des Spielplatzes (z. B. in einer wasserdurchlässigen, kiesigen Grube) allmählich versickern zu lassen. Ferner kann es in ein angrenzendes, freies, naturnah gestaltetes oder wildes Gelände geleitet werden, das, z. B. abgetrennt durch eine Hecke vom eigentlichen Spielplatz, von älteren Kindern nach freiem Belieben bespielt werden kann. Dort mündet das Wasser in einen Bach oder ein dafür vorbereitetes Trockenbett und bildet somit einen Standort für eine feuchtigkeitsliebende Vegetation, die mit dem Spielgeschehen korrespondiert. Eine solche Verbindung von gestaltetem Spielplatz – geschaffen insbesondere für kleinere Kinder – und Naturspielbereich – der vor allem ältere Kinder anlockt – ist zwangsläufig vor allem in ländlichen Gegenden möglich.

Matsch, Spiel und Gesundheit

Pfützen, Matsch, Lehm, Sand und Wasser sind eminent wichtige und lustvolle Spielangebote. Häufig versucht man sie jedoch, vor allem Pfützen, grundsätzlich zu verhindern bzw. zu beseitigen. Kinder haben jedoch, und das betonen viele Untersuchungen, ein Recht auf Dreck und Matsch, auf diesen Urstoff nicht nur in der Schöpfungsgeschichte, sondern auch jeglichen Bauens und schöpferischen Gestaltens. Jeder Straßen-, jeder Haus-, jeder Landschaftsbau arbeitet mit Wasser und Erdreich; wieso sollte dies ausgerechnet Kindern verwehrt werden. An Pfützen kann man ausgezeichnet spielen und formen, Spuren der Natur entdecken; deshalb sind sie so attraktiv für Kinder.

Neben der Verschmutzung sind hygienische bzw. gesundheitliche Bedenken der Hauptgrund, das Spielen mit Dreck und Matsch und nicht selten ganze Wasser-Matsch-Spielanlagen zu verhindern. Natürlich sind insbesondere Pfützen, aber auch Bereiche mit Brackwasser hygienisch nicht einwandfrei. Doch ist es nicht nur unmöglich, sondern zudem ungesund, wenn Kinder nicht mit bestimmten Bakterien konfrontiert, sondern steril gehalten werden. Kinder müssen Abwehrkräfte aufbauen, sie müssen sich mit Schmutz und Bakterien auseinandersetzen, um ihr körpereigenes Immunsystem zu entwickeln und eine relativ robuste Gesundheit zu erlangen.

Was sich für den Bereich Sicherheit und Abenteuer sagen läßt, und entsprechende Gültigkeit für die soziale und psychische Entwicklung besitzt (ohne Wagnis und Risikoerfahrung keine Sicherheit, ohne Auseinandersetzung keine Sozialverantwortlichkeit, ohne intensive, ambivalente, auch schmerzhafte Erfahrungen keine Entwicklung einer stabilen Persönlichkeit), trifft auch für diesen Bereich zu (ohne Abwehrkräfte keine Gesundheit).

Kinder haben in einem bestimmten Rahmen ein Recht auf Risiken. Nur so können sie ihre Persönlichkeit ebenso entwickeln wie eine gesunde körperliche Konstitution. Man darf Kinder nicht von allem abhalten, was sich, allerdings erst in hohen Konzentrationen, negativ auswirken könnte. Damit soll – entsprechend dem spielerischen Abenteuer bzw. der Sicherheit bei Geräten – keiner Unverantwortlichkeit und Willkür das Wort geredet werden. Tatsächlich liegen die Bedrohungen der Gesundheit ja nicht in Pfützen und Wasserspielanlagen, sondern in ganz anderen Bereichen. Natürlich muß beobachtet und geprüft werden, ob das Wasser relativ in Ordnung ist, ähnlich wie bei Badeseen, die selten ganz sauber und trotzdem akzeptabel sind.

Selbstverständlich muß jeweils nach Altersgruppen, Sozialstrukturen und Wissens- bzw. Bewußtseinsniveaus differenziert und diesbezüglich die räumliche Zuordnung bestimmt werden. Matsch- u. Pfützenbereiche mit stehenden Gewässern sollten im allgemeinen z.B. nicht in direkter Nähe von Spielplätzen für Kleinkinder angelegt werden. In einer relativ abgelegenen, wilden Zone stellen sie dagegen einen spannenden Erfahrungsraum für ältere Kinder und naturkundlich interessierte Erwachsene dar.

Das Bewußtsein für die beschriebenen Zusammenhänge ist leider z.T. noch sehr mangelhaft, weshalb bei vielen Eltern noch erhebliche Aufklärungsarbeit zu leisten ist. Absolute Sicherheit gibt es nicht; man muß dort, wo eine tatsächliche Gesundheitsgefährdung relativ wahrscheinlich und mit nicht akzeptablen Folgen eintreten kann, verhindernd eingreifen.

Abenteuer und Sicherheit

Kinder wollen keine langweiligen Spiele, Kinder brauchen Abenteuer. Sie suchen Herausforderungen, um das Leben zu erfahren und sich darin zu bewähren. Abenteuer können aus kleinen Erlebnissen wie dem Entdecken und Anfassen eines Regenwurmes oder dem Hinabrutschen auf einer Rutsche bestehen. Mit zunehmendem Alter werden größere Abenteuer gesucht, man geht Risiken ein und prüft die damit verbundene Gefahr. So erklettert man z. B. einen Baum oder ein Dach, wagt einen Sprung und kommt sicher an oder stürzt. Es ist wichtig, dies als etwas völlig Normales, ja Wünschenswertes zu begreifen. Das Bestehen spielerischer Abenteuer ist grundsätzlich für eine gesunde Entwicklung der Kinder sehr wichtig. Sie müssen ihre Mitwelt und ihr eigenes Können erproben, um ihre Leistungsfähigkeit zu erfahren und schrittweise zu erweitern, um ihren Körper zu trainieren, ihre Sinne und Organe (z. B. das Abmessen von Entfernungen durch das Auge, das Gleichgewicht) auszubilden und ihr Selbstbewußtsein zu stärken. Dies trägt zur Erhöhung der Lebensfreude bei und macht Mut auf die Zukunft. Spielerische Risiken und Abenteuer sind notwendig und müssen daher in einem gewissen Umfang und Rahmen in einem Spielraum und bei Spielgeräten enthalten sein.

In der Praxis ermöglichen die öffentlichen Spielangebote jedoch häufig wenig Abenteuer. Angesichts von – nicht selten als unklar empfundenen – Normen und Vorschriften und nicht zuletzt auf Grund mangelhafter Kenntnisse darüber versuchen viele Betreiber und Träger von Spielplätzen und viele darin eingebundene Entscheidungsträger, ein Risiko von vornherein auszuschließen. Die Furcht, für Unfälle haftbar gemacht zu werden, die Angst vor Regreß- und Strafverfahren läßt immer wieder nur standardisierte Spielbereiche entstehen. Wie problematisch aber absolut sichere und langweilige Spielangebote sind, wird dabei oft übersehen.

Diese Ängste rühren aus mangelnder Fachkenntnis über das tatsächlich geforderte Sicherheitspotential für öffentliche Spielplätze und Spielgeräte und über den Sinn und Zweck der Vorgaben, die in Form von Normen und Gerichtsurteilen als verbindliche Rechtsgrundlagen vorliegen.

„Risiken […] zu bestehen und beherrschen zu lernen, macht ganz wesentlich den Spielwert eines Spielgerätes, die Attraktivität einer Spielanlage aus. Kinder können spielerisch lernen, mit Gefahren umzugehen, und sich somit auch auf Gefährdungen des täglichen Lebens einstellen. Eine Spielanlage, bei der durch ein Übermaß an Sicherheit jegliches spielerische Risiko ausgeschlossen ist, erfüllt diese pädagogische Funktion nicht. Darüber hinaus wird eine solche Anlage für die Kinder sehr schnell uninteressant und langweilig, weshalb sie sich spannenderen Orten zuwenden. Ein solchermaßen sicherer Spielplatz kann damit neue bzw. alte Gefahren hervorrufen, indem er die Kinder nicht von der Straße und anderen gefährlichen Orten abhält."[61]

Zulässigkeit von sportlich-spielerischen Risiken

In der DIN 18034 ist ausdrücklich formuliert: „Freude am Abenteuer und Bestehen eines Risikos als Bestandteil des Spielwertes sind im Rahmen kalkulierter spielerisch-sportlicher Betätigung erwünscht. Für Kinder nicht erkennbare Gefahren sind zu vermeiden."[62]

Diese Grundsätze werden auch von der Rechtsprechung der Gerichte bei Unfällen auf Spielplätzen angewandt. In einem Grundsatzurteil zur Verkehrssicherungspflicht von Gemeinden hat der Bundesgerichtshof (Urteil v. 25.04.1978/ AktZ: VI ZR 194/76) ein gewisses Maß an sportlich-spielerischem Risiko für zulässig erklärt. Dort heißt es: „Ein Spielplatz, insbesondere einer für ältere Kinder, hat nicht nur die Aufgabe, ein die Phantasie anregendes, schöpferisches Spiel zu ermöglichen. Auch Freude am Abenteuer und am Bestehen eines Risikos sollen vermittelt werden, damit Kinder frühzeitig mit den Gefahren des täglichen Lebens vertraut werden und lernen, Risiken einzugehen, aber auch zu beherrschen. Dieser Zweck würde vereitelt, wenn nur altersbedingt ohnehin zu beherrschende Wagnisse in Form herkömmlicher Geräte aufgestellt würden. Maßstab für das Wagnis sind die Grundsätze sportlicher Betätigung, bei der von vornherein zu erkennende und überschaubare Gefahren in Kauf genommen werden. Die Gefahren müssen allerdings begrenzt und bewußt gemacht werden. Mißbräuche bei der Benutzung sind zu verhindern, soweit sie vorhersehbar sind und durch eine entsprechende Ausstattung erreicht werden können."[63]

Urteile anderer Gerichte haben seitdem diese Grundsätze immer wieder aufgenommen und bestätigt. Kinder können sich selbst schützen, sie sind zu einem gewissen, vom Alter und der inneren Reife abhängigen Grad selbst sicherungsfähig. Es ist empirisch nachgewiesen und daher erwartbar, daß sie sich ab dem Alter einer diesbezüglichen mentalen und emotionalen Erkenntnisfähigkeit bedrohlichen Gefahren nicht oder nur bedingt, im Rahmen einer kalkulierten Beherrschbarkeit, aussetzen. Dies kann teilweise bereits von Kindern im Kindergartenalter, in größerem Umfang von Schulkindern erwartet werden. Von Kindern, die sich ohne Aufsichtsperson im öffentlichen Raum bewegen und dabei auch selbständig Spielplätze aufsuchen, kann es im allgemeinen vorausgesetzt werden.

Das richtige Einschätzen, vernünftige Eingehen und Beherrschen von Gefahren ist für das Leben im unmittelbaren Wohnumfeld, aber auch für Ausflüge, Ferienreisen etc. absolut notwendig, denn nur so erlernt man, mit den allgemeinen Lebensrisiken – auch im späteren Erwachsenenleben – möglichst positiv und vernünftig umzugehen. Mit jedem Sprung z. B. über einen Stein ist ein Wagnis verbunden. Das Risiko wurde vorher kalkuliert, der Unsicherheitsfaktor liegt im Rahmen des Beherrschbaren oder ist ein kleiner Schritt in Richtung auf Erweiterung der bisherigen Möglichkeiten. Dies ist vernünftiges, mutiges, aber auch sicherheitsbewußtes, selbstverantwortliches Handeln. Wer ohne Rückbezug auf die eigenen Fähigkeiten Sprünge riskiert, handelt unvernünftig und unreif. Vor solchem Handeln muß kein Spielplatz abgesichert werden, dafür haftet kein Träger einer Anlage.

Ein Sprung über einen Stein ist ein kalkuliertes Wagnis in einem überschaubaren Rahmen.

Die Rechtsprechung, die allgemeine Grundsätze zur Sicherheit formuliert (und damit die konkreten Normenaussagen ergänzt), definiert das zulässige Spielrisiko als „sportlich-spielerisches Risiko". Nur Gefahren und Risiken, die dieses Niveau überschreiten, sind unzulässig.

Auszuschließende Gefahren

Auf einem öffentlichen Spielplatz müssen die spielenden Kinder vor Gefahren geschützt werden, die bei normaler, bestimmungsmäßiger oder bei zwar nicht

Spielgeräte sollen sportlich-spielerische Abenteuer in einem kalkulierbaren Rahmen ermöglichen.

vorgesehener, aber zu erwartender, wahrscheinlicher bestimmungswidriger Nutzung relativ wahrscheinlich bzw. erwartbar zu Unfällen und dabei zu schwerwiegenden Verletzungen bzw. irreparablen Folgen führen können.

Dies betrifft Verletzungen, die sich nicht aus einem allgemeinen, selbst zu verantwortenden, sportlich-spielerischen Handeln oder aus einem erkennbaren und kalkulierbaren Spielangebot ergeben (z. B. Armbruch durch Sturz von einer Schaukel auf Grund mangelhaften Festhaltens oder bewußten Abspringens), sondern auf andere Ursachen, wie etwa Mängel der Spielplatzausstattung zurückzuführen, sind (z. B. Sturz von der Schaukel auf Grund einer gebrochenen Kettenaufhängung).

Die Kinder müssen *nicht* vor Gefahren geschützt werden, die

- bei völlig absurder bestimmungswidriger Nutzung, u. U. entgegen jeglicher, auch bei Kindern in altersgemäßem Umfang voraussetzbaren Vernunft und Erkenntnisfähigkeit entstehen,
- äußerst unwahrscheinlich und rein theoretisch denkbar sind, aber trotzdem irgendwann einmal durch eine Kette von nicht kalkulierbaren Zufällen zu einem Unfall führen könnten – dies liegt auf der Ebene eines allgemeinen Lebensrisikos, das sich überall verwirklichen kann und wovor es keinen absoluten Schutz gibt,
- die nur zu kleinen Verletzungen wie Schürfwunden, kleinen Kratzern, blauen Flecken etc. führen.

Hier sind Parallelen zum Lebensalltag zu ziehen: Kinder fahren schon sehr früh mit Fahrrädern, obwohl der Zahnrad-Ketten- und Speichenbereich bei falscher Bespielung oder ein bloßer Sturz böse Verletzungen hervorrufen kann. Man schenkt Kindern ein Taschenmesser, weil sie lernen sollen, sicher damit umzugehen. Sie können sich eines Tages daran schneiden und dies wird wahrscheinlich auch passieren; das gehört sozusagen dazu. Die Erfahrung, die das Kind mit einer blutenden Wunde am Körper macht, erzieht nicht nur zu mehr Vorsicht bzw. geschickterer Handhabung, sondern ist obendrein eine elementar wichtige Lebens- und Selbsterfahrung. Kinder müssen ihr Blut einmal gesehen, ihre aufgeschürfte Haut betastet, ihre Knochen gespürt haben, damit sie einen gesunden Bezug zu ihrem körperlichen Dasein aufbauen können. Kinder müssen vor ernsthaften Gefährdungen und nicht vor Gefahren, die zum Leben gehören, geschützt werden.

Sinn und die Verbindlichkeit der Normen

Aus all den oben genannten Gründen, um spezifische, unnötige und nicht erkennbare Gefahren auf öffentlichen Spielplätzen zu verhindern bzw. zu minimieren, hat man als konkrete, technisch relevante und überprüfbare Sicherheitsanforderungen die DIN-Normen „Spielplätze und Freiflächen zum Spielen" – DIN

18034 und „Kinderspielgeräte" – DIN 7926 entwickelt. Darin sind Sicherheitsanforderungen an Platzsicherheit und Gerätesicherheit formuliert worden, die die Träger der Spielplätze als „Regel der Technik" beachten müssen.

Im Oktober 1978 hat das Bundesministerium für Arbeit die DIN 7926 in das GSG = Gerätesicherheitsgesetz aufgenommen. Die DIN 7926 besitzt seitdem nicht mehr nur einen empfehlenden (Soll-), sondern einen für alle Spielgerätehersteller eindeutig zwingenden Charakter (Muß-Bestimmung). Diesen hat auch der Bundesgerichtshof in seinem Urteil vom 01.03.1988 (AktZ: VI ZR 190/87) hervorgehoben, in dem klargestellt wurde, daß Kinderspielplätze den Sicherheitsanforderungen der DIN 7926 entsprechen müssen. Dies bezieht sich auch auf Altgeräte, die vor Einführung der DIN 7926 gebaut worden sind. Die Anpassungszeit gilt längst als verstrichen und ein Bestandsschutz kann somit nicht mehr geltend gemacht werden. Sie müssen aus dem Verkehr gezogen werden, wenn sie nicht DIN-gerecht umgebaut oder umgerüstet werden können.

Dies bedeutet, daß auf Grund der Normen und Rechtsprechung bestimmte Gefahren nicht zugelassen sind. Kinder müssen vor Gefahren bewahrt werden,

– die sie vor Spielbeginn nicht erkennen und einschätzen können. Nur wenn die Gefahren erkennbar sind, können die Kinder die Risiken abschätzen, sich entsprechend vorsichtig (Kinder sind im allgemeinen durchaus sicherungsfähig!) darauf einlassen oder, falls sie ihre Kräfte und Fähigkeiten für unzureichend halten, sich einem anderen Spiel zuwenden;
– die unnötig sind, weil sie nichts für den Spielwert bringen und aufgrund mangelhafter technischer Lösungen, (z.B. spitze, nach oben geöffnete Winkel ≤ 50°), falscher Konstruktionen oder ungenügender bzw. fehlerhafter Wartung passieren;
– die sich erst nach Spiel- bzw. Nutzungsbeginn ergeben bzw. sich erst dann auf vorher nicht erkenn- und voraussehbare Weise steigern, ohne daß das spielende Kind dieses Risikopotential unmittelbar beenden bzw. verlassen kann;
– dessen Risikovolumen nach dem Einstieg auf vorher nicht erkennbare Weise nicht mehr selbst bestimmt/geregelt werden kann (Andere Kinder und deren Spielverhalten können kontinuierlich beobachtet werden. Integrierte technische Spezialeffekte z.B. sind nicht wahrzunehmen).

„Spielbereiche sollten in etwa die gleiche Sicherheit und das gleiche Risiko enthalten wie Lebensbereiche, in denen sich die Spielenden üblicherweise bewegen. Es kann nicht darum gehen, für Spielbereiche ein Sicherheits-Ausnahmeklima zu schaffen."[64]

„Sicherheit ist ein unerläßliches Kriterium für einen Spielplatz. Die Bemühungen um sichere Spielgeräte und -plätze dürfen jedoch nie zum Selbstzweck geraten. [...] Nur soviel Sicherheit wie notwendig, nicht wie möglich. Die Qualität eines Spielplatzes bzw. -gerätes hängt in erster Linie von seinem Spielwert ab. Um diesen Spielwert zu gewährleisten, ist ein bestimmtes Maß an Sicherheit erforderlich. Sicherheitsbemühungen müssen folglich darauf abzielen, einerseits das Spielen so sicher wie nötig zu machen und andererseits den größtmöglichen Spielwert von Spielgeräten und -plätzen zu garantieren bzw. ihn so wenig wie möglich einzuengen."[65]

Die Normen sollen das Spiel der Kinder nicht oder so wenig wie möglich verhindern. Sie sind Grundlage und Maßstab für eine sichere Ausstattung, die positives Spiel in einem sicheren Rahmen ermöglichen soll. Die planerische und bautechnische Gestaltungsfreiheit wird durch diese Normen grundsätzlich nicht berührt, jedoch sind die Sicherheitsvorgaben, ähnlich wie z. B. in den Landesbauordnungen zu beachten.

Kreatives Arbeiten mit den Normen

Die Normen können natürlich kreativ genutzt werden und so sind sie auch gedacht und angelegt. Es handelt sich bei ihnen nicht um ein starres, einengendes Korsett, das viele Spielmöglichkeiten verhindern soll, wie vielfach fälschlich behauptet wird. Um mit den Normen positiv arbeiten zu können, ist es zunächst notwendig, sie zu studieren und in ihrem Anliegen und geforderten Sicherheitsvolumen zu begreifen. Dann gibt es durchaus Möglichkeiten eines intelligenten Arbeitens mit den Normen unter Einhaltung des vorgeschriebenen Sicherheitspotentials. So kann man „... bei erhöhtem Spielwert ... in Grenzen erhöhtes Risiko dulden. Theoretisch erhöhtes Risiko kann immer dann hingenommen werden, wenn es praktisch dadurch unwirksam [bzw. positiv handhabbar – Anm. d. V.] gemacht wird, daß Erkennbarkeit die spielenden Kinder rechtzeitig aufmerksam macht und ihnen ein verbessertes Selbstschutzverhalten ermöglicht."[66]

Besonders qualifizierte und erfahrene Sicherheitsgutachter lassen daher immer wieder bestimmte risikoreiche Spielangebote dann zu, wenn die Gefahren ganz offensichtlich sind oder vollkommen augenscheinlich gemacht worden sind. Ein Spielgerät, so die Begründung, das seine Gefährlichkeit deutlich zeigt, erreicht dadurch eine bestimmte Sicherheit.

Auch das Gerätesicherheitsgesetz weist auf die Möglichkeit hin, sicherheitstechnische Vorgaben nicht allein nach ihrem Wortlaut, sondern nach ihrem inhaltlichen Rahmen und Gewicht auszulegen und damit kreativ zu arbeiten: „Von den allgemein anerkannten Regeln der Technik sowie den Arbeitsschutz- und Unfallverhütungsvorschriften darf abgewichen werden, soweit die gleiche Sicherheit auf andere Weise gewährleistet ist."[67]

Um dies an einem relevanten Beispiel deutlich zu machen: In Teil 1 der DIN 7926 wird ein Wirkungszusammenhang zwischen Absturzsicherung und geforderter Falldämpfung deutlich. Sollte es nicht möglich sein, einen Bodenbelag mit den eigentlich notwendigen Falldämpfungseigenschaften unter ein Podest einzubringen, kann die gleiche Sicherheit erreicht werden, indem die Absturzsicherungen entsprechend verbessert werden. Entscheidend ist, daß das geforderte Sicherheitsvolumen gewährleistet ist.

Theoretisch existieren folglich viele Möglichkeiten, abenteuerliche Spielangebote zu schaffen. Komplett übertragbare Lösungspakete gibt es hier freilich nicht, die Zulässigkeit spielerischer Risiken kann nicht allgemein- und endgültig definiert werden. Immer müssen die örtlichen Gegebenheiten, die jeweilige Altersstruktur, das spezifische Nutzerverhalten etc. als Rahmenbedingungen und Voraussetzungen einbezogen werden. Kinder, die gewohnt sind, mit bestimmten Risiken sicher umzugehen oder aus sozialen Gründen risikovoll Anreize brauchen, benötigen ganz andere Spielgeräte als z.B. unerfahrene oder überbehütete Kinder. Jede Situation erfordert aufgrund ihrer einmaligen spezifischen Bedingungen eine individuelle Lösung.

Die Notwendigkeit einer regelmäßigen Kontrolle und Wartung

Die DIN 18034 gibt in Abs. 5.5 als notwendige Leistung vor:

„Die Spielbereiche bedürfen einer regelmäßigen Wartung und Kontrolle. Diese soll sich auf

- Sauberkeit von Spielbereichen, Spieleinrichtungen und sonstigen Anlagen,
- Funktionstüchtigkeit und Sicherheit der Spielgeräte, sonstiger Spieleinrichtungen und Böden (z.B. Auflockerung von Sand unter Spielgeräten),
- Zustand von Einfriedungen, Zugängen usw.

erstrecken."[68]

In der DIN 7926, Teil 1, Abs. 6 ist formuliert: „Alle Kinderspielgeräte bedürfen einer regelmäßigen Inspektion und Wartung. Dies gilt besonders für Geräte, die im Freien aufgestellt sind (auch in den Wintermonaten) und ganz besonders für alle Geräte, in die bewegliche Teile oder Teile mit Verschleißbeanspruchung eingebaut sind. Von der Instandhaltung ist auch die Sicherheit und die Gebrauchstauglichkeit der Geräte abhängig. Den Geräten ist eine Wartungsanleitung in deutscher Sprache beizufügen. Alle erforderlichen Wartungsarbeiten sind verständlich darzustellen, gegebenenfalls durch Zeichnungen und Bilder zu ergänzen. Mit der Inspektion und Wartung sind geeignete Personen, Institutionen oder Firmen zu beauftragen."[69]

Im Beiblatt zur DIN 7926 I Abs. 6 wird empfohlen „... durchgeführte Wartungsarbeiten nachzuweisen."[70] Dies ist z.B. durch entsprechend gestaltete Kontroll-Blätter oder ein eigens dafür eingerichtetes Kontroll-Buch möglich.

Die Verpflichtung zur regelmäßigen Wartung von Kinderspielplätzen ergibt sich im übrigen auch aus der Verkehrssicherungspflicht nach § 823 des BGB für öffentliche Verkehrsflächen und sonstige öffentliche Flächen. In einem Urteil hat hierzu das Oberlandesgericht Stuttgart festgelegt, daß sowohl Spielplätze wie

Spielgeräte regelmäßig kontrolliert und gewartet werden müssen (Urteil v. 29.10.1984 – AktZ: 5 U 59/84).[71] Das Gericht hielt einen zeitlichen Abstand von einer Woche zwischen den Kontrollen für ausreichend. Auch wenn ganz selten einmal eine Beschädigung passiert, muß nicht häufiger kontrolliert werden. Allerdings muß sich die Häufigkeit der Kontrollen an der vorhandenen oder zu erwartenden Nutzungsart orientieren. D.h. Plätze mit einer starken bzw. häufigen Verunreinigung mit gefährlichen Gegenständen wie Glasscherben oder mit einer ständig wiederkehrenden Zerstörung müssen häufiger kontrolliert und in Ordnung gebracht werden als solche, auf denen erfahrungsgemäß nichts passiert.

Der Bundesgerichtshof hat in seinem Urteil vom 28.04.1987 (AktZ: VI ZR 127/86) entschieden, daß die Kontrolle und Wartung von Spielgeräten von qualifizierten Mitarbeitern durchgeführt werden müssen. Der Betreiber bzw. Träger des Spielplatzes hat auf Grund seiner Verkehrssicherungspflicht dafür Sorge zu tragen, daß das Kontroll- und Wartungspersonal ausreichend qualifiziert ist, um die Spielgeräte, bei denen es sich z.T. um technisch komplexe Konstruktionen handelt, fachgerecht zu überprüfen und zu warten. Dies ist entweder durch eine fachgerechte (Zusatz-)Ausbildung oder/und durch eine entsprechend klare und konkrete Dienstanweisung zu gewährleisten.[72]

Die unterschiedlichen Aufgaben von Kontrolle und Wartung lassen sich folgendermaßen differenzieren:[73]

Sicht- u. Funktionskontrolle: 7–14-tägig

Hierbei werden u.a. die Nutzungsspuren und Verschmutzungen beseitigt, Fallschutzuntergründe geprüft (keine freigespielten Fundamente) und die Funktionsfähigkeit der Geräte kontrolliert. Ev. werden Beschädigungen oder Zerstörungen wahrgenommen und entweder sofort beseitigt, oder das Gerät wird, falls davon Gefährdungen ausgehen, schnellstens für den Betrieb gesperrt. Dies muß entsprechend gemeldet und eine Reparatur veranlaßt werden. Es empfiehlt sich eine möglichst schnelle Reparatur, da nicht benutzbare Geräte bei manchen Nutzern zu Frustrationen führen und infolgedessen zu Aggressionen und Zerstörungen reizen.

Die Kontrollen sollten zumindest einfach protokolliert werden, damit bei eventuellen Unfällen die Nachweispflicht leichter erbracht werden kann. In den Kontroll-Blättern oder dem Kontroll-Buch sollten auf jeden Fall der Tag der Kontrolle, besondere Vorkommnisse (Schäden) und die durchgeführten (Reinigung, sofortige Reparatur) oder veranlaßten Maßnahmen (Meldung zur Reparatur, Sperrung des Gerätes etc.) und der Name des Kontrolleurs verzeichnet werden.

Geeignete Personen: fachkundige Mitarbeiter, z.B. Gärtner.

Verschleißkontrolle und Standfestigkeitsprüfung: halbjährlich

Hier sind die langfristigen Auswirkungen einer regelmäßigen Nutzung zu überprüfen, wie der Verschleiß von Gelenken, Ketten, Ösen etc., der Zustand von Verbindungen und die Standfestigkeit usw. Dies setzt genaues Wissen um Toleranzgrenzen, sichere Maße und Soll-Zustand voraus. Qualifizierte Wartungshinweise von renommierten Herstellern sind hier sehr hilfreich.

Geeignete Personen: erfahrene TechnikerInnen hinsichtlich Spielplatzgeräten.

Sicherheitsprüfung: jährlich oder seltener

Sie ist notwendig, wenn Ergänzungen, Umbauten oder Sanierungen vorgenommen wurden und daraus Unklarheiten über die Einhaltung der Sicherheitsanforderungen erwachsen sind. Eine genaue Kenntnis der DIN-Anforderungen, aber auch praktische Erfahrungen, damit die örtlichen Gegebenheiten einbezogen werden, sind hier notwendig.

Geeignete Personen: erfahrene Sachverständige und Sicherheitsexperten.

Verantwortung für die Sicherheit

Im Spielplatzgeschehen sind verschiedene Institutionen und Einrichtungen für die Unfallverhütung tätig. Die wichtigste Verantwortung trägt der Betreiber eines öffentlichen Spielplatzes auf Grund der Verkehrssicherungspflicht nach § 823 des Bürgerlichen Gesetzbuches (BGB). In den meisten Fällen ist dieser die zuständige Gemeinde, er kann aber auch aus einer kirchlichen Gemeinde, einer GmbH (z.B. Wohnungsbaugesellschaft) oder einem Verein bestehen. Die Betreiber sind verpflichtet:

- nur Spielgeräte zuzulassen, die den in den DIN-Normen geforderten Sicherheitsbestimmungen entsprechen,
- die Spielgeräte sachgerecht einzubauen,
- Spielplätze und Spielgeräte regelmäßig, zuverlässig und qualifiziert zu kontrollieren und zu warten.

Das Bauaufsichtsamt ist bei Neubauten zuständig, da nach den meisten Landesbauordnungen Spielplätze einer Baugenehmigung bedürfen.

Gewerbeaufsichtsämter und Prüfstellen für Gerätesicherheit sind nur gegenüber den gewerblichen Herstellern im Rahmen des Gerätesicherheitsgesetzes tätig.

Sicherheitsberatung übernehmen Sachverständigen-Organisationen und vereidigte Sachverständige.

In Kindergärten und Schulen können die Gemeideunfall-Versicherungsverbände als Träger der gesetzlichen Unfallversicherung beratend mitwirken und auch Weisungen in Sicherheitsfragen erteilen.

Sicherheitsanforderungen an Spielplatz und Spielgeräte

Im folgenden werden nicht alle Sicherheitsanforderungen der DIN 7926 aufgeführt und detailliert erläutert werden. Dazu sei auf die diesbezügliche Fachliteratur verwiesen.[74] Die Ausführungen beschränken sich darauf, die wesentlichen Aspekte der Sicherheitsanforderungen im allgemeinen, grundsätzlichen Fall in knapper Form anschaulich zu machen. Teilweise finden sich auch Ergänzungen und Hinweise, die die Kindorientierung und den Spielwert hervorheben. Insbesondere sind die Punkte behandelt worden, die das Verhältnis von Geräten und Pflanzen(teilen) betreffen.

Für Spielgeräte in Außenanlagen von Kindergärten gelten die Sicherheitsanforderungen der Gemeindeunfallversicherungsverbände (GUVs). Die Anforderungen sind nachzulesen im „Merkblatt 26.14: Spielgeräte in Kindergärten, hrsg. v. Bundesverband der Unfallversicherungsträger der öffentlichen Hand (BAGUV)" und in den „Richtlinien für Kindergärten – Bau und Ausrüstung – GUV 16.4".

Ein- und Ausgänge, Einfriedungen

Soweit es möglich ist, sollte ein Spielplatz für die Kinder von allen Seiten frei und ungehindert zugänglich sein. Allerdings müssen Spielplätze vor angrenzenden und naheliegenden Gefahrenquellen wie verkehrsreichen Straßen, Bahnkörpern (Zügen, Straßenbahnen), problematischen Gewässern, Geländeabstürzen usw. geschützt sein. Wie stark die Gefährdung einzuschätzen ist, hängt u. a. von der jeweiligen Nutzergruppe ab (Anlage für Kleinkinder, Jugendliche o. a.).

Falls Gefahrenquellen vorhanden sind, muß der Platz eine wirksame Einfriedung von mind. 1 m Höhe besitzen. Die Art der Einfriedung richtet sich nach der Größe und Wirksamkeit der Gefahr. Stacheldraht- und Jägerzäune mit spitzen Latten dürfen jedoch nicht verwendet werden. Überhaupt sind Zäune, sofern sie nicht ansprechend gestaltet sind, häufig problematisch, weil sie etwas Negatives, Verhinderndes oder sogar Verbietendes ausstrahlen. Dies ruft Gegenreaktionen hervor und reizt zu Überschreitungen oder sogar zur Zerstörung, wodurch der Schutzcharakter schnell verloren sein kann.

Besser ist es, einen Zaun zu bepflanzen und ihm so ein positives Gepräge zu verleihen. Auch eine Einfriedung aus einer dichten abwechslungsreichen Hecke ist möglich, die mannigfaltige Sinnes- und Spielangebote bietet. In der Mitte der Hecke kann auch ein einfacher Zaun z. B. aus Holzplanken verlaufen, der mit der Zeit vollkommen überwuchert wird (vgl. auch S. 46f.).

Zäune, die nicht auf Grund einer notwendigen Schutzfunktion aufgestellt werden, sollten zumindest durch eine optisch schöne Gestaltung einen positiven Wert zugewiesen bekommen, ev. sogar einen eigenen Spielwert als Kletter-, Sitz- oder Balanciergerät besitzen.

Bisweilen müssen spielende Kinder vor freilaufenden Hunden und Hundekot geschützt und bewahrt werden. Entsprechende Zäune mit selbstschließenden Toren etc. entsprechen hier den Wünschen und Bedürfnissen der Kinder.

Ballspielbereiche müssen mit Schutzgittern von mind. 4m Höhe auf den Seiten umgeben sein, an denen Verkehrsflächen und Nachbargrundstücke einer notwendigen Abschirmung bedürfen.

Um Ein- und Ausgänge von Spielplätzen vom Verkehr abzugrenzen, sind sie so zu gestalten, daß einem Kind zwangsläufig bewußt wird, wenn es den Spielbereich verläßt. Dies läßt sich durch Tore, Büsche, Barrieren, versetzte und schleusenartige Wegeführungen, Pflanzgefäße u. ä. Schutzmaßnahmen erreichen.[75]

Der Weg zu einem Spielplatz sollte so sicher wie möglich gestaltet sein, damit ihn die Kinder relativ gefahrlos und auch selbständig erreichen können.

Geräteanordnung

Die Aufstellung der Spielgeräte hat sich an folgenden Richtlinien zu orientieren:[76]

- Zuordnung nach Spielwert, Spielcharakter, Bewegungsaktivität und Altersgruppen; Bewegungsaktive Spielbereiche sollten normalerweise nicht direkt an ruhebedürftige angrenzen. Attraktive Geräte sind an vorgegebene oder vorgedachte Verbindungswege anzubinden. Denn Kinder dürfen nicht verleitet werden, ihren Weg quer durch empfindliche Spielzonen z.B. Sandkästen, Kleinkinderbereiche, zu nehmen. Grundsätzlich gilt, keine unnötigen Konfliktpotentiale durch mangelhafte Planung zu schaffen, d. h. präventive Konfliktvermeidung. Inmitten von empfindlichen Pflanzungen sollten keine Spielgeräte für bewegungsintensive, wilde Spiele aufgestellt werden;
- Beachtung der Sicherheitsabstände;
- keine Überschneidungen von Hauptlaufrichtungen und Gerätespielbereichen.

Sicherheitsbereiche und Freiräume

Im Umkreis von den meisten Spielgeräten müssen als Schutzzone gewisse Sicherheitsbereiche freigehalten werden. Damit soll sichergestellt werden, daß sich Kinder bei einem Sprung oder Sturz von einem Gerät nicht an harten, hervorstehenden Geräteteilen oder anderen Gegenständen verletzen können.

Bei der Bestimmung des jeweiligen Freiraumes sind die Art der Gerätekonstruktion, die sich ergebende mögliche Absturzhöhe, die der Gerätehöhe zuzuordnende falldämpfende Bodenart, die Anordnung des Gerätes auf dem Spielplatz und die vorgesehene Benutzergruppe von ausschlaggebender Bedeutung. Dabei ist zu beachten, daß bis zum nächsten festen Geräteteil ein Sicherheitsabstand von mind. 1,5m notwendig sein kann. Im allgemeinen hat sich dieses Maß von 1,5m für Gerätespiel- und Sicherheitsbereiche als ausreichend erwiesen.

Für verschiedene Einzelgeräte, Schaukeln, Rutschen, Seilbahnen und Karussells gelten spezielle Sicherheitsbereiche.[77]

Geräteteile und Gegenstände im Sicherheitsbereich

Aus Holz gefertigte Spielgeräte müssen splitterarm, aus anderen Werkstoffen gebaute Geräte splitterfrei sein. Überstehende Nägel, frei herausragende Drahtseilenden und spitze oder scharfkantige Teile sind nicht zulässig. Innerhalb des Gerätespielbereichs/Sicherheitsbereichs dürfen keine harten und scharfkantigen Geräteteile verlaufen und keine harten und scharfkantigen Gegenstände wie z. B. Betonkanten, Zäune, Palisaden etc. angebracht sein, auf die ein Benutzer beim Absturz aus einer freien Fallhöhe von mehr als 50 cm fallen kann (Standflächen zählen hier nicht zu Geräteteilen).

Ist ein Geräteteil oder sonstiger Gegenstand hart, aber gerundet oder scharfkantig, aber weich, richtet sich der Grad der Gefährdung nach der sonstigen Beschaffenheit bzw. Anordnung der Situation. Besonders zu vermeiden sind harte, kleinflächige Gegenstände wie spitze Pfähle etc., da es hier beim Aufprall zu perforierenden Verletzungen kommen kann.[78]

**Falldämpfender Untergrund unter Geräten
(Bodenklassen nach DIN 7926 Teil I 4.3.6)**

Die Höhe des möglichen freien Falls – Freie Fallhöhe – ist der lotrechte Abstand von dem Punkt der Hauptfixierung des Körpers an ein Gerät bis zu der darunterliegenden Fläche bzw. einem Geräteteil. Die Freie Fallhöhe darf bei Klettergeräten max. 4 m, bei anderen Geräten max. 3 m betragen.[79]

Bis zu einer möglichen Freien Fallhöhe von 1 m sind unter Spielgeräten gebundene Böden (= Klasse I), wie z. B. Asphalt oder Beton, zwar zulässig, allerdings sind sie auf Grund ihrer geringen Falldämpfungseigenschaften unter Geräten nicht zu empfehlen. Auch bitumengebundene Bodenarten (= Klasse II) sind zwar bis zu 1 m Freier Fallhöhe zulässig, und tatsächlich sind ihre Falldämpfungseigenschaften viel besser als bei Klasse I, doch eignen auch sie sich nicht gut als Fallschutz. Es empfiehlt sich daher eine bessere Bodenklasse.

Bis zu einer möglichen Freien Fallhöhe von 2 m sind ungebunde Böden wie Oberboden (= Klasse III), Tennenflächen (= Klasse IV), Rasen (= Klasse V) oder Kunststoff-Flächen (= Klasse VI) vorgeschrieben. Allerdings ist der Rasen meist sehr schnell weggespielt und wird so zu Oberboden. Mit den Kunststoff-Belägen werden bisweilen Wellen und Hügel modelliert und mancherorts sogar ganze Landschaften überzogen, doch kann man eine solche künstliche Landschaft wohl keineswegs als kindgerecht begreifen. Tennenflächen sind relativ teuer, so daß sich entweder Oberboden und Rasen, soweit es möglich ist, oder eine bessere Bodenklasse empfiehlt.

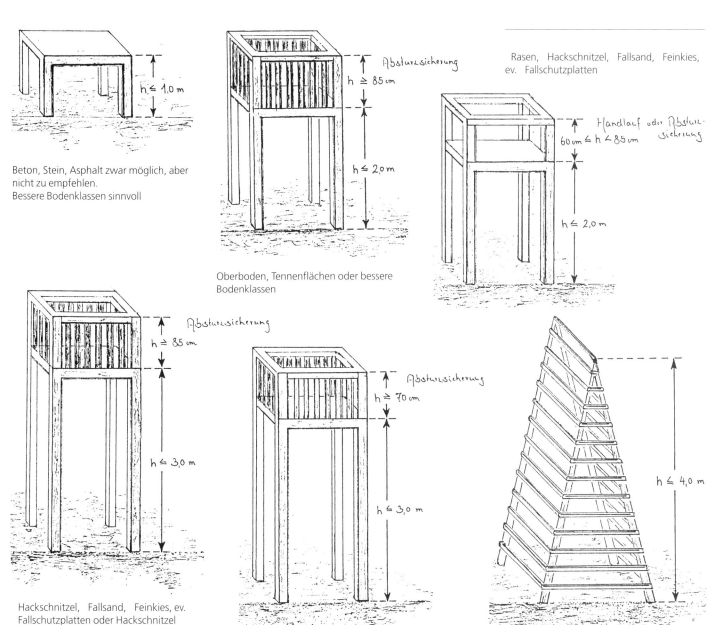

Beton, Stein, Asphalt zwar möglich, aber nicht zu empfehlen. Bessere Bodenklassen sinnvoll

Oberboden, Tennenflächen oder bessere Bodenklassen

Rasen, Hackschnitzel, Fallsand, Feinkies, ev. Fallschutzplatten

Hackschnitzel, Fallsand, Feinkies, ev. Fallschutzplatten oder Hackschnitzel

Hackschnitzel, Fallsand oder Feinkies,

Hackschnitzel, Fallsand oder Feinkies,

Bei Oberböden und Tennenflächen sind zusätzlich mind. 85 cm hohe Absturzsicherungen erforderlich, bei Rasen, Sand, Feinkies und ev. Fallschutzplatten genügt ein Handlauf oder eine Absturzsicherung von mind. 60 cm und max. 85 cm.

Bis zu einer möglichen Freien Fallhöhe von 3 m sind Böden mit besonderen Falldämpfungseigenschaften verlangt wie Fallschutz-Platten (= Klasse VII), die auf ihren Kraftabbau hin geprüft sein müssen, oder Sand und Feinkies (= Klasse VIII).

Bei Klettergeräten ist bis zu einer möglichen Freien Fallhöhe von 4 m Sand oder Feinkies vorgeschrieben.

Fallschutzplatten sind zwar gut zu reinigen und sind bei senkrechten Fallrichtungen häufig geeignet, besitzen jedoch erhebliche Nachteile bei schrägem Aufkommen. „Immer dann, wenn ... im Bewegungsablauf des Benutzers beim Aufprall auf den Boden eine zusätzliche horizontale Kraftkomponente auf den Körper einwirkt, sind im allgemeinen lockere Bodenarten besser geeignet."[80]

Tatsächlich ist die Gefahr der Stoppung (Umknicken u. Gelenksverletzungen) und Reibung (Hautverletzungen durch Radierungsabrieb) bei abrupten Bewegungsabläufen oder schrägem Aufprall gegeben. Zudem kann ein Sturz z. B. auf Glasscherben oder einen Kronkorken hier zu gravierenderen Verletzungen führen, als wenn sich die Gegenstände im Sand oder Feinkies befinden. Nicht zuletzt eignen sich Fallschutzplatten nicht oder nur in geringem Umfang für naturnahe Spielräume z. B. für bestimmte behindertengerechte Spielgeräte. Bei Fallschutzplatten sind bei einer möglichen Freien Fallhöhe bis zu 3 m zudem Absturzsicherungen mit mind. 85 cm Höhe notwendig.

Sand und Feinkies müssen folgende Eigenschaften aufweisen:

a) Die Korngröße muß mind. 2 mm und max. 6 mm betragen;
b) Sie dürfen keine schluffigen bzw. tonigen Anteile enthalten;
c) Die Anforderung an die Ungleichkörnigkeitszahl lautet U 5;
d) Die Schichtdicke muß mind. 20 cm betragen. Befindet sich ein scharfkantiges Geräte- oder Fundamentteil darunter, ist eine mind. 40 cm hohe Bodenschicht erforderlich.

Außerdem ist für Sand und Feinkies bei einer Freien Fallhöhe bis zu 3 m eine Absturzsicherung von mind. 70 cm vorgeschrieben.

Auch Hackschnitzel gehören auf Grund der hervorragenden Falldämpfungseigenschaften zur Bodenklasse VIII. Sie werden definiert nach Materialkomponenten und Teilchengrößen. Hierbei muß man sich genau über die Zusammensetzung informieren und die Eignung für den jeweiligen Verwendungszweck prüfen. Splitterarmes Material ist auf jeden Fall vorzuziehen, weshalb Eichenbestandteile weniger geeignet sind. Auf keinen Fall sollte undefiniertes Material verwendet werden, da es u. U. stachelige Akazienanteile enthalten könnte. Es empfiehlt sich ein Gemisch aus Rinden- und Festholzteilen.

Wesentlich für den Aufbau einer Hackschnitzelschicht ist eine gute Drainage aus einer bereits vorhandenen oder einer anzulegenden Kiesschicht. Zwischen dieser und den Hackschnitzeln muß eine Trennschicht, z. B. ein Vlies eingelegt werden, die verhindert, daß die Feinbestandteile aus den Hackschnitzeln ausgewaschen werden und damit die Drainage zunichte gemacht wird. Darüber ist eine ca. 30 cm höhe Hackschnitzelschicht in zwei Lagen einzubringen. Die untere,

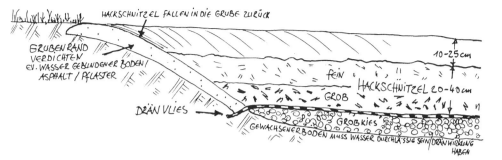

Fallschutzfläche mit Hackschnitzeln
(Zeichnung von Günter Beltzig)

ca. 20 cm starke Schicht sollte eine Teilchengröße von 20–40 mm besitzen. Gute Erfahrungen wurden mit einer darauf liegenden ca. 10 cm hohen Schicht mit einer Teilchengröße von 8–20 mm gemacht.

Bei einem richtigen Aufbau bildet die obere Schicht eine vernetzte, federnde Struktur, die der des Waldbodens ähnlich ist.[81]

Die Fallschutzbereiche können durch starre Einfassungen aus verschiedenen Materialien eingerahmt werden. Man kann die Fallschutzzonen jedoch auch als gruben- bzw. beckenartige Vertiefungen anlegen, so daß das Fallschutzmaterial ca. 10–30 cm unter dem umgebenden Niveau liegt. Auf diese Weise verbleibt das Bodenmaterial besser an seinem Ort, es wird weniger herausgetragen und im Umfeld verteilt, bzw. es rieselt und fällt immer ins Becken zurück.

Damit der Grubenrand möglichst stabil ist, empfiehlt es sich, ihn zu verdichten und darüber Rollrasen anzulegen. Ob sich der Rasen hält, hängt von dem auftretenden Nutzungsdruck ab. Der Grubenrand kann ferner mittels Pflastersteinen etc. stabil errichtet werden. Der Beckenboden sollte eine gute Drainageeigenschaft haben, damit Regenwasser bzw. das Wasser von Wasserspielgeräten gut versickern kann.

Pflanzen als Spielgeräte (Kletterbäume, Baumstämme als Brücken)

Pflanzen sind in ihrem natürlichen Zustand keine konstruierten und gebauten Spielgeräte. Für sie sind die DIN-Normen als Regeln der Technik daher nicht gemacht. Anders ist dies bei bewußt gestalteten Bäumen z. B. als Kletter- oder Belanciergerät. Solche gestalteten Spielangebote müssen den Sicherheitsanforderungen der DIN 7926 entsprechen.

Weitere naturnahe Spiel- und Erholungsräume im städtischen Umfeld

Wohnumfeld

Spielen sollte nicht nur auf speziell eingerichteten Spielplätzen, sondern im gesamten Wohnumfeld möglich sein. Die Stadt-, Verkehrs-, Bau-, Sozial- und Grünplanung müßte, wenn das Ziel einer ganzheitlichen, menschengerechten Lebensraumgestaltung ernst genommen würde, die unmittelbaren Wohnumfelder entsprechend planen und gestalten.

In einem solchen „Kulturraum Stadt" oder „Kulturraum Dorf" besitzt die Pflanze bzw. eine naturnahe Vielfalt an Flora und Fauna eine nicht zu überschätzende Bedeutung. Natur und Spiel müßten durch die Schaffung geeigneter Voraussetzungen in möglichst vielen Bereichen zugelassen werden, damit sie sich wieder ansiedeln und entwickeln können. Eine zukunftsweisende, ökologische Stadtplanung muß sich um eine Integration von Natur und Spiel solange bemühen, bis beide selbstverständliche Bestandteile des Lebens in der Stadt geworden sind.

Ein positives Beispiel für einen naturnahen Planungsansatz findet sich im Troisdorfer Stadtteil Rottersee. Hier wurden tatsächlich funktionierende, weil ernst gemeinte, Spielstraßen geschaffen, die von Alt und Jung intensiv genutzt werden. In und an dem künstlich angelegten Stadtbach befinden sich viele wasserliebende Pflanzen; auch Spontanvegetation ist hier immer wieder willkommen. Um die Pflege kümmern sich zu einem guten Teil die Anwohner, die quasi einen Teil ihres Gartens auf öffentlichem Grund haben. Auf diese Weise trägt der Einzelne etwas zur Schönheit der gemeinsamen Wohnanlage dabei. Die Grünanlagenbetreuung ist z. T. nicht an ein Amt delegiert, sondern befindet sich in den (guten) Händen der Bürger, die ihre Ideen direkt umsetzen können.

An den Pflanzen wie an den Tieren, die sich einfinden (Vögel, Schmetterlinge und Käfer und natürlich die Hauskatze), können übers ganze Jahr naturkundliche Beobachtungen und Erfahrungen gemacht werden. Da in das Bachbett Schienen eingelassen worden sind, ist es möglich, mit selbst zurechtgeschnittenen Brettchen gemeinsame Wasserstauspiele zu veranstalten oder alleine die typischen Strömungsmuster des Elements Wasser zu beobachten.

Spielerisch nutzbare Entfaltungsräume im Wohnumfeld – eine gelungene Realisierung in Troisdorf-Rottersee.

Wohngebiets- und stadtteilbezogene Grünanlagen

Die Beispiele für tatsächlich naturreiche Spielräume, in denen ein artenreiches Pflanzenleben bewußt zugelassen wird, sind leider noch immer sehr selten.

Als 1985 ein Gelände in München-Giesing von unerlaubt errichteten Behausungen geräumt werden mußte, entschloß man sich, die aus der Kleingartenpflege entstandenen Pflanzen zu erhalten und den Artenreichtum durch behutsame Renaturierungsmaßnahmen weiter zu erhöhen. Neben den vorhandenen Obst-, Laub- und einigen Nadelbäumen wurde u. a. ein Regenwasserbiotop angelegt. Eine vorsichtige Planung erhielt die alten Wege und einige wertvolle, auf historische Bezüge verweisende Strukturen. Man erfaßte verschiedene Nutzerinteressen und schuf intensiver nutzbare und ruhigere Bereiche. Mit Nistkästen und Dickichthaufen bemühte man sich, die Voraussetzungen für die Ansiedelung von Vögeln, Kleintieren und Insekten zu verbessern.

In die Bauaktionen waren auch immer wieder die Kinder mit eingebunden; z. B. wurde zusammen mit ihnen das Biotop angelegt. Dies führte dazu, daß der gesamte Bauplatz ein intensiv genutzter Spielplatz wurde. Zwar ließ dies manche Arbeit etwas langsamer vorankommen, integrierte aber die zukünftigen Nutzer sehr stark. Dies war ein wichtiger Faktor für die spätere Erhaltung des Geländes. Eine solche offene Bauweise und in gewissem Sinne ganzheitliche Unterrichtsform (Arbeit, Spiel, Lernen – Handarbeit, Sinneserfahrung, Sinngebung – Nützlichkeit, Freude, Wissen – Soziales, spielerisches und sich austauschendes Mitein-

ander usw.) läßt die längere Bauzeit als uneingeschränkt sinnvoll erscheinen. Alle ganzheitlichen Projekte sind auch unter ökonomischen Gesichtspunkten richtig.

Nachdem sich angrenzend an das Gelände bereits ein kleiner Gerätespielplatz, Sporthartplatz und eine Sommerstockbahn befanden, ergänzte man das Spielangebot mit einem sog. Naturspielbereich inmitten der neuen Fläche. Hier können Kinder mit Lehm und Pflanzenteilen spielen. Da man die Erfahrung machen mußte, daß heutige Kinder die alten Spiele mit (vor)gefundenem Naturmaterial kaum mehr kennen und erst einmal angelockt werden müssen, um die Natur langsam wieder zu entdecken, errichtete man zusätzlich ein Wasser-Matsch-Spielgerät. Damit läßt sich zudem das Spielgeschehen etwas auf diesen Ort konzentrieren, wodurch die Naturbereiche stärker geschont werden und sich besser entwickeln können.

Mit pädagogisch betreuten Aktionen (Kinder als Erforscher der Vergangenheit ihres Stadtviertels; pflanzen- und tierkundliche Projekte) wird seitdem den Kindern auf spielerische Weise Wissen vermittelt, über das heute meist nur noch Landkinder – und auch die immer weniger – verfügen. Indem man die Kinder theoretisch und praktisch auf ökologische Zusammenhänge aufmerksam macht und ihnen den Reichtum der Natur nahebringt, werden gleichzeitig die Sinne, der Geist und der Körper geschult. Denn es ist ein großer Unterschied, ob man etwas über den Baum, auf den man gestiegen ist, weiß oder diesen nur als Klettergerät betrachtet.

Das Naturspielgelände an der Weißenseestraße ist unter Federführung des Baureferats/Gartenbau der Stadt München in Zusammenarbeit mit verschiedenen freiplanerischen und pädagogischen Einrichtungen wie „Urbanes Wohnen e.V.", „Pädagogische Aktion e.V.", „Mobil-Spiel e.V." und der „Arbeitsgemeinschaft Spiellandschaft Stadt" entstanden.

Spielerische Bauaktionen im Stadtviertel

Gerade Naturmaterialien wie Gehölze, Hölzer, Steine, Lehm und Erdreich sind äußerst geeignet für spielerische Mitmach-Bau-Begegnungs-Aktionen, zu denen die Eltern oder die Nachbarn eines Stadtviertels oder Dorfteiles eingeladen werden können.

Flechtzäune und Häuschen aus Weidenruten u.a. Pflanzenarbeiten wie z.B. Haselnuß können auf Grund der einfachen Techniken zusammen mit Kindern, Eltern, Anwohnern errichtet werden. In einer befristeten Bauaktion, zu der alle interessierten Personen eingeladen werden, erhält der Hinterhof, Spielplatz oder Pausenhof ein zusätzliches Erlebnis- und Spielangebot. Im Prinzip können dabei auch komplexere Konstruktionen entstehen wie eine lebende Laube, eine Grillhütte, ein Labyrinth usw.

Das gemeinsame spielerische Bauen, das mit einem Einweihungsfest abgeschlossen werden kann, fördert das Kennenlernen, die Integration des einzelnen und das Gemeinschaftsgefühl. Dies führt zum einen zu einer relativ hohen allgemeinen Akzeptanz des Geschaffenen und damit zu einem breiten Interesse an seiner

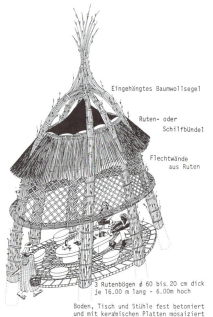

Grundfläche Ellipse: Länge 5 m, Breite 3,5m
Weltenlaube

Erhaltung. Zum anderen kommt es dem zukünftigen Leben und Arbeiten im jeweiligen Rahmen, in der Nachbarschaft, dem Kindergarten, der Schule zugute.

Sehr positive Erfahrungen wurden mit der Einbeziehung von Menschen anderer Nationalitäten und Hautfarben gemacht. Hier können z. B. Schwarzafrikaner, denen das Bauen mit Naturmaterialien und die dazu notwendigen handwerklichen Techniken sehr vertraut sind, ihre Geschicklichkeiten und Fähigkeiten zeigen. Beim gemeinsamen Arbeiten, Essen und Plaudern wächst dann oft das Interesse und Verständnis füreinander.

Schulhöfe

Ähnliches gilt für eine naturnahe (Um-)Gestaltung von Schulhöfen. Bezieht man die Kinder, Lehrer und Eltern soweit wie möglich und sinnvoll aktiv in die Planungen und in die verschiedenen Bauphasen (Entsiegelung, Geländemodellierung, Bepflanzung und Begrünung) mit ein, entsteht bei diesen ein persönliches, lebendiges Verhältnis zu dem Raum. Die Nutzung und Wertschätzung eines Schul- und Pausenhofes ist ebenso wie die Pflege- und Erhaltungsbereitschaft viel größer, wenn eigene Vorstellungen und Aktivitäten miteingeflossen sind. Infolgedessen können sich die Nutzergruppen mit dem Hof viel leichter identifizieren.

Der Bau der „Weltenlaube" – ein Projekt von Info-Spiel in Zusammenarbeit mit Marcel Kalberer, dem Gartenamt München und der Bürgerinitiative „Miteinander leben – Slevogtstraße".

Dies hat die Erfahrung aus vielen Projekten ebenso belegt wie den Befund, daß sich dadurch fast immer eine positivere Einstellung zur Schule entwickeln ließ. Bisweilen ist sogar eine Art Schulgemeinschaft entstanden, was zu regelmäßigen selbstorganisierten Veranstaltungen wie Grillabenden, Schulfesten etc. geführt hat.

Meistens erstreckt sich die Identifizierung mit dem Gelände und das entstandene Gemeinschaftsgefühl nur auf die beteiligten Schüler- und Lehrergenerationen. Deshalb und um den Arbeitsdruck nicht zu stark und belastend werden zu lassen, ist es sinnvoll, die Bauaktionen in mehrere Teilabschnitte aufzugliedern. Ebenso können nach ein paar Jahren bestimmte Ergänzungen oder Umbauten vorgenommen werden.

Ein Spiel- oder Pausengelände sollte wie ein Spielplatz ohnehin nie als etwas für lange Zeit Endgültiges, sondern als etwas Flexibles und Veränderbares behandelt werden. Da mit neuen Nutzergruppen auch neue Nutzerinteressen auftreten, bei den älter werdenden Gruppen neue Vorlieben entstehen, empfiehlt es sich, diese Potentiale kreativ zu nutzen.

Auch auf naturnah gestalteten Pausenhöfen erweist sich die Aufstellung eines Bewegungsspielgerätes meistens als äußerst sinnvoll. In den Unterrichtspausen müssen sich viele Schüler innerhalb eines eng begrenzten Zeitabschnittes austoben und abreagieren können. Entsprechend robust und intensiv und wild bespielbar sollten die ausgewählten Geräte konstruiert sein. Schaukeln und Wippen sind als ausschließliches Spielangebot immer fehl am Platz, weil Wartezeiten hier

Die naturnahe Umgestaltung der Wartburg-Schule in Berlin – eine gemeinsame Bauaktion von „Grün macht Schule" mit Schülern, Lehrern und Eltern.

schnell zu Konflikten führen würden. Ideal sind große und abwechslungsreiche Kletterkombinationen, Drehscheiben und andere Geräte, auf denen sich viele Kinder gleichzeitig tummeln können. Wegen der schützenden und vertraulichen Atmosphäre sind vielerorts auch Häuschen und Hütten an Randbereichen zu empfehlen.

Spezielle Erfahrungs- und Nutzgärten

Es gibt einige spezielle Arten von Gärten, die durch ihr erlesenes Angebot dazu einladen, sich mit allen Sinnen physisch, psychisch und intellektuell damit zu beschäftigen.

Schulgärten haben eine alte und lange Tradition. In den Jahren vor dem 1. Weltkrieg waren sie sehr verbreitet und hatten seinerzeit vor allem pädagogische Zielsetzungen zu erfüllen. Sie dienten der Anzucht von Pflanzen für den Biologieunterricht und bedeuteten für die Kinder einen Lehrgarten im weitesten Sinne. Nach dem 2. Weltkrieg entwickelten sich daraus häufig Botanische Gärten.

In jüngster Vergangenheit wurden Schulgärten vereinzelt wieder angelegt bzw. wiederbelebt, doch beruhte dies sehr häufig allein auf der Initiative einzelner engagierter Lehrkräfte. Welche enorme Bedeutung eine möglichst freiwillige Beschäftigung im Schulgarten für die soziale, emotionale und kognitive Entwicklung der Kinder haben kann, ist leider noch nicht allgemein erkannt worden. Um nur zwei Beispiele zu nennen:

– Schulgartenarbeit hat eine therapeutische Funktion bei verhaltensgestörten Kindern. Deshalb wird sie in Sonderschulen und pädagogisch-therapeutischen Zentren mit Erfolg als Mittel für eine seelische Stabilisierung und Verbesserung des Sozialverhaltens eingesetzt.
– Der persönliche Umgang mit Pflanzen kann zur Entwicklung eines verantwortlichen Handelns und insofern zur Ausbildung einer individuellen Persönlichkeit führen.

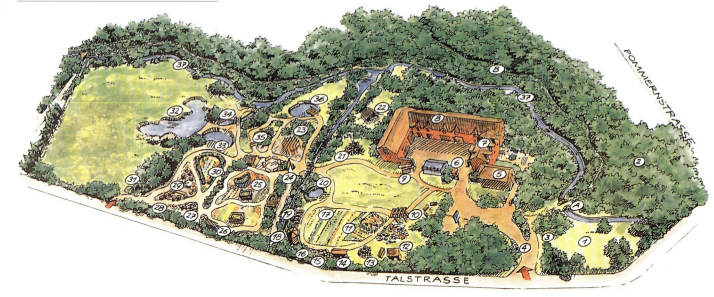

Natur- und Schulbiologiezentrum, Gut Ophoven

1. Obstwiese
2. Ruhezone
3. Standort der Wassermühle bis 1899
4. Mauerreste des Wasserversorgungssystems der Mühle
5. Burg, 13. Jhd.
6. Gartenlaube
7. Büros, Nisthilfen in der Hauswand
8. Scheunen
9. Nisthilfewand
10. Pergola
11. Modellgärten
12. Bienenhaus – „Rock around the stock"
13. Kräuterspirale
14. Insektenwohnhaus
15. Trockenmauer
16. Aromaweg
17. Blumenwiese
18. „Piep Schau" – Vogelhaus
19. Geordneter Holzhaufen
20. Gartenteich (Folie)
21. Ungeordneter Holzhaufen
22. Zeltplatz für Gruppen
23. Freiluftunterrichtsplatz
24. Schulgarten
25. Hochbeet
26. Gartenarche
27. Ruderalfläche
28. Wallhecke
29. Erlebnisplatz
30. Kinderstube der Pflanzen
31. Baumwurzel
32. Großer Teich, mit nördl. angrenzender Hochstaudenflur
33. Benjesteich
34. Roter Graben
35. Weg der Sinne
36. Stegteich
37. Wiembach

Zukunftsprojekte
A. Steinbrücke
B. Waldlehrpfad

Die heute in einzelnen (aber viel zu wenigen) Städten anzutreffenden *Schul-Biologiezentren* sind erfreulicherweise oft weitaus mehr als nur eine praktische Ergänzung zum Biologieunterricht. Mittels Lehr- und Sinnesgärten können Kinder und Erwachsene ökologische Grundlagen und Zusammenhänge erfassen und verstehen. Durch sinnliches erlebnisreiches Handeln soll sich der Einzelne auch als Teil der Natur begreifen.

In den Blindengärten können Blinde wie Sehende ihre Hör-, Geruchs- und Tastsinne bewußt erproben und ausbilden.

– Riechen: Ideal sind Sträucher und Stauden mit duftenden Blüten wie Rosen und Lavendel, mit duftenden Ringen oder Nadeln wie Kiefern und mit aromatischen Blättern wie Majoran, Pfefferminze etc.
– Tasten: Die unterschiedlichen Blatt- und Blütenformen, -oberflächen, -größen, -temperaturen, die verschiedenen Rindenstrukturen und Fruchtformen lassen sich erfahren und begreifen. Auch die verschiedenen Standorte wie Gartenboden, Sand, Sumpf, Wasser etc. können ertastet werden.
– Hören: Für das jeweils charakteristische Rascheln vom Wind bewegter Blätter, z. B. der Zitterpappel, des Schilfs etc. wird Aufmerksamkeit entwickelt.

Dabei lernt man nicht nur die Natur, sondern auch sich selbst besser kennen, sensibilisiert und schult seine Sinne und Wahrnehmungsfähigkeit. Aus einem gemeinschaftlichen Erlebnis heraus entstehen nicht selten intensivere Gespräche und Kontakte.

Der *Apothekergarten* unterteilt sich in den *Heilkräutergarten* und den *Giftpflanzengarten* und läßt sich ebenfalls auf unterschiedliche Weise nutzen.

Letzterer ist auf Grund der Giftpflanzenproblematik besonders wichtig. Hier kann den Kindern ebenso wie den Erwachsenen verdeutlicht werden, wie relativ der Begriff „giftig" ist, wie nahe heilende und schädliche Wirkung häufig beieinander liegen. All diese Arten aus unserer ohnehin immer artenärmer werdenden Mitwelt zu verbannen, kann nur als unsinnig und wirklich schädlich bezeichnet werden.

Neben dem *Duftgarten*, der die besonders duftenden Gehölze und Stauden zeigt, und dem *Therapie-* bzw. *Barfußgarten*, bei dem es um das Erfühlen von Materialien und Strukturen mit der Fußsohle geht, um das Laufen auf Kies, Sand, Holz, Rasen, Pflaster und das Wassertreten gibt es noch eine Reihe weiterer Spezialgärten.

All diese Spezialgärten sind insbesonders auch für Kinder gedacht, zeigen sie doch die Pflanzen in ihrer unerschöpflichen Vielfalt und vermitteln bewußt und unbewußt ihre Bedeutung für Auge und Ohr, Herz und Verstand, Seele und Gemüt. Durch die signifikante Hervorhebung einzelner Aspekte wird auf den immensen Reichtum einer artenreichen, naturnahen, ökologisch intakten Pflanzenwelt aufmerksam gemacht. In dieser konzentrierten Form können Kinder und Erwachsene besonders deutlich erfahren, wie wichtig es ist, all diese Arten nicht nur irgendwie und irgendwo zu erhalten, sondern sie in weitestgehendem Umfang wieder in unserer unmittelbaren Lebenswelt anzusiedeln und zuzulassen.

Beispiele für Planung und Ausführung

Marianne Roland

Öffentlicher Spielplatz Tobelesch-Ost, Friedrichshafen-Ailingen

Gestaltungskonzept[82]

Voraussetzungen:

Als 1988/89 in Friedrichshafen-Ailingen die Wohnsiedlung Tobelesch-Ost entstand, wurde im Bebauungsplan, wie gesetzlich verankert, ein Spielplatz vorgeschrieben. Hierfür bot sich eine großzügige Fläche im Zentrum der Siedlung an, die zugleich noch genügend Platz für einen Bolzplatz bot. So hieß der Planungsauftrag: Konzipierung eines kombinierten Spiel- und Bolzplatzes. Nach Absprachen mit der Ortsverwaltung wurde es zusätzlich genehmigt, einen in unmittelbarer Nähe vorbeifließenden Bach in die Planung miteinzubeziehen und für die Kinder zugänglich zu machen.

Das gesamte zu überplanende Gelände besteht aus einer leichten Hanglage.

Konzept:

Bachlauf

Der Bach sollte als Spiel- und Entdeckungsort für die Kinder an wenigen Stellen gefahrlos zugänglich gemacht werden, ohne daß dabei großartig gestalterische Eingriffe vorgenommen würden. Dies wurde erreicht, indem an zwei Stellen Findlinge und abgerundete Wacken in die Hanglage eingebaut wurden, so daß die Kinder bequem das Bachufer erreichen können. Gleichzeitig dienen diese Findlinge noch zum Klettern, zum Sitzen und Beobachten, als Tische oder Ablage, oder was immer die Kinder in ihnen sehen mögen.

Spiel- und Bolzplatz

Der Bolzplatz wurde in der gesamten nördlichen Hälfte der Fläche angelegt und durch ausgleichende Erdmodellierungen geebnet. Gegen den Spielplatz und zu den Gehwegen hin wurde er durch eine dichte Hecke aus einheimischen Sträuchern abgeschirmt. Zum Spielplatz hin wurden in der Hecke immer wieder Lücken gelassen, die einzelne Eingänge markierten.

Der Spielplatz wurde in der süd/südwestlichen Hälfte des Areals angelegt. Grundidee war die Anlage eines „Kammes" auf der Höhe des Bolzplatzes, der durch stufenweise angelegte Plateaus oder Taleinschnitte erreichbar und gegliedert war. Diesem „Kamm" vorgelagert wurden verschiedene kleinere Plätze, die wiederum verschiedenartigste Spielangebote und Funktionen enthielten.

So war einem dieser Kleinräume der Sand/Wasserbereich zugeordnet. Ein Sandspielhäuschen auf der Höhe des Bolzplatzes bildet den Abschluß dieses Bereiches und ist zugleich Ausgangspunkt für eine Wasserpumpe mit anschließendem Wasserlauf über Findlinge in den Sand. Bänke um den Sandplatz herum bieten den Erwachsenen Sitzgelegenheiten. Der gesamte Bereich, wie auch alle anderen dieser kleineren Plätze, wird eingerahmt von einer dichten Hecke aus Laubgehölzen. Die Hecken erfüllen vielerlei Aufgaben: sie geben Räumlichkeit und den Aspekt von Schutz und Geborgenheit, sie geben den Kindern Rückzugs- und weitere Spielorte, sie bieten Nahrung, Brutplätze und Unterschlupf für Kleintierlebewesen, sie sind Schatten- und Sauerstoffspender.

Ein anderer dieser Räume wurde als „Amphitheater" konzipiert, um ein Angebot als Treffpunkt für Jugendliche zu schaffen.

Eine Hängebrücke schließlich spannt sich über ein Tal, welches wiederum mit einer Holztreppe zum Bolzplatz führt. Diese Hängebrücke verbindet gleichzeitig räumlich den Kleinkinderbereich mit dem Bewegungsbereich – dem Bereich, der dem Klettern, Kriechen, Hangeln, Rutschen etc. vorbehalten ist. Am Hang wurden hier Rutsche und schiefe Ebene angebracht. Durch die Weiträumigkeit und die vielen Klein- und Kleinsträume sowie durch die durchgehende Heckenanlage bestehen darüber hinaus, je nach Phantasie der Kinder, mannigfaltige Möglichkeiten Räume zu entdecken, Abenteuer zu erleben, Risiken einschätzen zu lernen, Geschicklichkeiten einzuüben etc.

Den westlichen Teil des Areals schließen drei plateauartig übereinanderliegende Plätze ab, die jeweils durch Waldtreppen miteinander verbunden sind. Diese Plätze können zum Verweilen und Lagern oder Kaffeetrinken genutzt werden, wozu z. T. aufgestellte Bänke und Tische einladen, und die Wiese trotzdem noch genug Platz für Decken etc. bereithält. Hinter diesen Plätzen Richtung Bolzplatz liegt, abgetrennt von den anderen Aktivitäten, der Schaukelbereich. Hier konnte aufgrund der Platzgröße eine Sechseck-Schaukel aufgestellt werden. Diese Schaukeln können mehreren Kindern gleichzeitig ein Schaukelvergnügen bieten und sind deshalb ideal auf öffentlichen Kinderspielplätzen, die dies von der Platzgröße her ermöglichen.

Pflanzenliste Spielplatz Tobelesch-Ost

GEHÖLZE:

FELD-AHORN	*Acer campestre*	BARTBLUME	*Caryopteris Heavenly Blue*
FELSENBIRNE KANADISCHE	*Amelanchier canadensis*	HAINBUCHE	*Carpinus betulus*
HÄNGENDE FELSENBIRNE	*Amelanchier laevis*	KORNELKIRSCHE	*Cornus mas*
		HARTRIEGEL	*Cornus sanguinea*
SCHMETTERLINGS-STRÄUCHER	*Buddleia altern.* *Buddleia davidii*	HASEL	*Corylus avellana*

Forsythie	*Forsythia intermedia*	Purpur-Weide	*Salix purpurea* *Salix purpurea Nana*
Kolkwitzie	*Kolkwitzia amabilis*	Kriech-Weide	*Salix repens argentea*
Heckenkirsche	*Lonicera xylosteum*	Rosmarin-Weide	*Salix rosmarinifolia*
Zierapfel	*Malus Eleyii* *Prof. Sprenger*	Korb-Weide	*Salix viminal.*
		Asch-Weide (feuchte, moorige Standorte)	*Salix cinerea*
Schwarz-Erle	*Alnus glutinosa*		
Pfeifenstrauch (Falscher Jasmin)	*Philadelphus coronarius*	Öhrchen-Weide Gräben, Bachläufe	*Salix aurita*
Traubenkirsche	*Prunus padus*	Holunder	*Sambucus nigra*
Alpen-Johannisbeere	*Ribes alpinum*	Mehlbeere	*Sorbus aria*
Wilde Rosen	*Rosa canina* *Rosa rubiginosa* *Rosa moyesii*	Faulbaum (sehr feuchte Standorte)	*Frangula alnus*
		Schneeball (ungenießbare Früchte)	*Viburnum opulus*
Sal-Weide	*Salix caprea*		

STAUDEN:

Leit- Begleit-Stauden:

Wilder Majoran (Dost)	*Origanum vulgare*	Salbei	*Salvia officinalis*
Johanniskraut	*Hypericum perforatum*	Goldrute	*Solidago caespitosa*
Waldschmiele	*Deschampsia caespitosa*		

Flächendecker:

Trockenstandorte:

Braunelle	*Prunella grandiflora*	Gänsefingerkraut	*Potentilla anserina*
Schaumblüte	*Tiarella cordifolia*	Thymian	*Thymus serpyllum*
Beinwell (Officinale)	*Symphitum grandiflora*	Scharfer Mauerpfeffer	*Sedum acre*
Gedenkemein	*Omphalodes verna*	Braunelle	*Prunella vulgaris*
Steinsame	*Lithospermum pur purocaeruleum*	Steinklee	*Melilotus spec.*
		Wegwarte	*Cichorium intybus*
Storchschnabel zum Spessart	versch. Sorten z. B.: *Geranium macrorrhi-* *Geranium endressii*	Wilde Möhre	*Daucus carota*
		Natternkopf	*Echium vulgare*
		Hornklee	*Lotus corniculatus*
Goldnessel „Florentinum"	*Galeobdolon luteum*	Aufgeblasenes Leinkraut	*Silene vulgaris*
Schlüsselblume	*Primula elatior*	Aufrechte Trespe	*Bromus erectus*
Echtes Lungenkraut	*Pulmonaria officinalis*		
Walderdbeere	*Fragaria vesca*		

Weitere Gestaltungsbeispiele

a) Vielfalt auf kleinem Raum

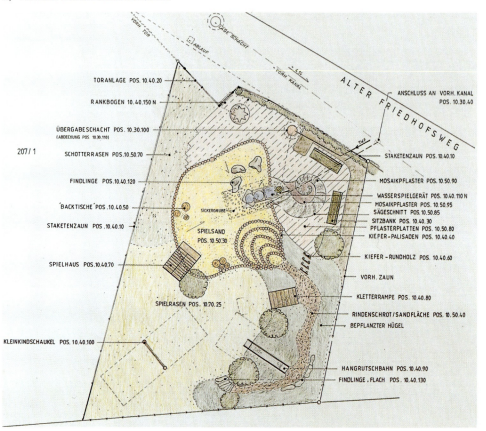

b) Spiellandschaft durch Gliederung und Geländemodellierung

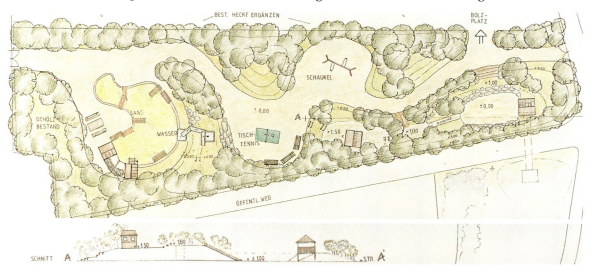

Kindergarten St. Ernst, Zwiefalten
Gestaltungskonzept[83]

Ausgangssituation:

Für den eingruppigen Kindergarten St. Ernst in Zwiefalten wurde, im Anschluß an eine Umbaumaßnahme auch eine Umgestaltungsmaßnahme des Außenspielbereiches nötig, zumal darüber hinaus einige Spielgeräte sicherheitstechnisch nicht mehr tragbar waren. Der Platz wird durch ein angrenzendes Stück Gelände erweitert. Dieses Gelände liegt, durch eine Mauer getrennt ca. 1,5m tiefer.

Vor dem Garten befindet sich am Eingangsbereich ein asphaltierter Hof, der zeitweise als Parkfläche genutzt werden muß. Dennoch sollte er für die Kinder aufgewertet und nutzbar gemacht werden.

Es ist geplant, die Umgestaltungsmaßnahme teilweise mit Elterneinsatz durchzuführen.

Ziel ist es, ein möglichst kindgerechtes, naturnahes Gelände zu gestalten, das in seinen verschiedenen Räumen pädagogisch wichtige und elementare Lernerfahrungen ermöglicht.

Funktionsräume:

Bewegungsbereich

Durch den relativ kleinen Garten, in dem größere Erdmodulationen schlecht möglich sind, bot sich an, den vorhandenen Höhensprung für Aktivspiele auszunützen. Grundidee war die Konzeption eines Schiffes, welches durch einen Steg über die Mauer Bug und Heck verbunden hält. Diese zwei Schiffsteile ermöglichen das Einüben allerlei motorischer Fähigkeiten ohne das kreative Spiel in den Hintergrund zu rücken und der spielerischen Phantasie freien Lauf zu lassen. Eine Freipieltreppe verbindet beide Geländeteile nochmals.

Der Schaukelgarten steht aus sicherheitstechnischen Gründen extra und hat nur von einer Seite einen Eingang. Ansonsten wird der Bereich völlig von einer Hecke, die zusätzlich noch auf einem leichten Wall stehen kann, umschlossen.

Sand-Wasser Bereich

Im Sandbereich findet oft ruhigeres Spiel statt, deshalb ist es günstig, den Sandbereich räumlich klar vom Bewegungsbereich abzutrennen. Er sollte einen Rahmen durch Sträucher, Baulichkeiten oder andere raumbildende Grenzen besitzen, die dem Sandbereich Geborgenheit und Schutz vermitteln.

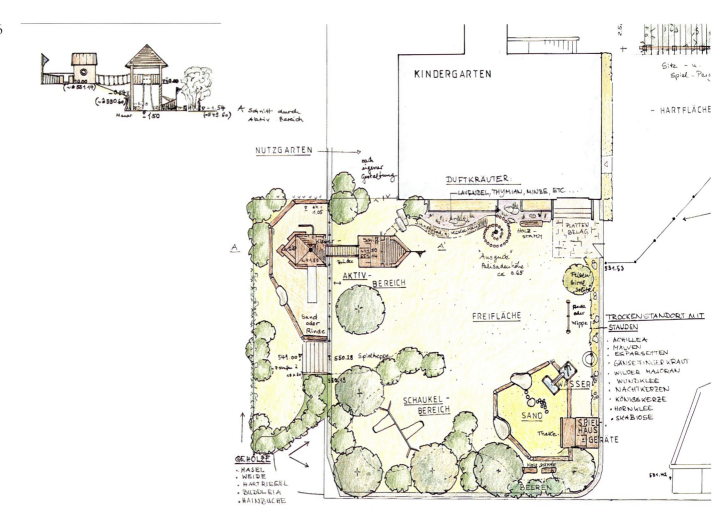

Zu jedem Sandplatz gehört Wasser wie das Verwenden von freien Materialien als Voraussetzung zum kreativen Spiel dazu. Die Beerenhecke schirmt ab, und es können im Sommer die Früchte geerntet werden. Ein Spielhäuschen, das gleichzeitig auch Platz hat für Sandspielsachen, eignet sich hervorragend für Rollenspiele, die sich gerade am Sandplatz oft entwickeln. Auch eine nicht ganz „schnurgerade" Umrandung läßt Möglichkeiten für phantasievolles Spiel offen.

Freiflächen

sind im angrenzenden Hof und als Rasenfläche im Garten angelegt. Der Hof wird aufgewertet durch den Bau einer Pergola mit schattenspendendem Rankgerüst. Der bestehende Hartbelag eignet sich für Hüpf- und Malspiele, bewegliche Baustellen (Reifen, Klötze ...) und fürs Rollerfahren etc. Absperrpfosten verhindern das Hereinfahren von Autos während der Kindergartenzeit. Wenn die Fläche als

Parkfläche genutzt werden soll, können diese Pfosten versenkt werden. Freie Flächen auf dem Rasen sind wichtig für Ballspiele und größere Aktivitäten (z.B. Sommerfeste).

Bereiche zum Experimentieren und Naturerleben

sollten in keinem Außenbereich fehlen. Hier boten sich immer wieder kleine Randflächen an, so z.B. die Anlage von Trockenstandorten, die in ihrem ökologischem Nutzen sowie ihrer Farben- und Formenpracht unübertrefflich sind. Ein Sinnespfad (nach H. Kückelhaus) findet in einer Kräuterspirale mit Duftkräutern einen sinnvollen Abschluß. Auch die Verwendung von einheimischen, ökologisch wertvollen Sträuchern (Schaukelbereich trägt zur Naturerfahrung bei: Jahreszeiten werden intensiver miterlebt, Brut- und Nistverhalten von Vögeln können beobachtet werden. Naturmaterialien stehen zur Verfügung etc.

Bei der Gesamtkonzeption wird darauf Wert gelegt, daß „trotz Gestaltung" noch Frei-Räume bleiben zur Veränderung, zum Wachstum und freier Aneignungsmöglichkeiten durch die Kinder.

Die Möglichkeit der Elternbeteiligung wird sehr begrüßt, da die Kinder und Eltern im selbstschaffenden Gestaltungsprozeß einen inneren Bezug und Verantwortung zu „ihrem" Garten aufbauen.

Mathias Bartsch

Schulfreifläche der 34. Grundschule Hellersdorf, Berlin

Kind- und umweltgerechte Gestaltung, Erläuterungen zum Entwurf [84]

Das Konzept orientiert sich an den von Susanne Edinger[85] formulierten Hauptzielen für eine Schulhof(um)gestaltung:

1. Öffnung der Schulhöfe für alle Bevölkerungsgruppen
2. Vielfalt an Spiel- und Betätigungsangeboten
3. Multifunktionale Ausstattung
4. Ökologisch orientierte Umgestaltung
5. Vielfalt an sinnlichen Wahrnehmungsmöglichkeiten
6. Schulhofumgestaltung als gemeinschaftliche Aktion
7. Integration der Schulhofumgestaltung in städtebauliche und freiraumplanerische Konzeption
8. Zusammenarbeit von Pädagogen und Planern

Vom Schulhof kann ein entscheidender Impuls für Lernfreude oder zumindest für Streßabbau ausgehen. Viele Schüler an der 34. Grundschule in Hellersdorf blieben bisher während der Pausen im Schulgebäude, weil sie der Hof nicht genü-

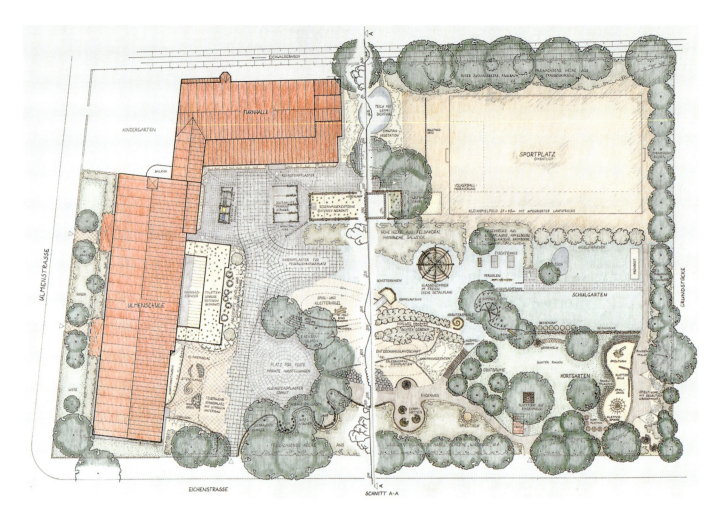

gend aufforderte oder die Benutzung des Hortgartens – des einzigen grünen Raumes mit TT-Platten – und des Sportplatzes wegen Überlastung, Konflikten mit den Hortkindern oder unzureichender Aufsichtsmöglichkeiten untersagt wurde.

Es ist keine übertriebene Forderung, den Kindern für die eine Stunde Mindestaufenthaltsdauer pro Tag auf dem Schulhof (bei den derzeitigen Pausenzeiten) eine von ihnen auch geforderte, einladende, kreative Atmosphäre zu bieten. Als Ergebnis einer von allen Seiten getragenen, mitbestimmten und selbstverwirklichten Umgestaltung können verringerte Unfallzahlen, ein besseres Lehrer-Schüler-Verhältnis, zufriedenere und aufmerksamere Schüler und weniger Reparaturen für den Hausmeister u. a. erwartet werden.

Die entwickelte Gestaltungsidee für die 34. Grundschule stellt ein Idealkonzept dar, das keine definierten Nutzungsfestlegungen trifft und in seinen Ausformungen flexibel bleibt. Der Hof wird praktisch aufgelöst. Es entsteht ein offenes

Gelände mit zwei Zugängen. Statt der wenig raumbildenden Zäune werden Hecken und Hügel als gliedernde Elemente eingebracht. Dabei entsteht eine Miniaturlandschaft. Eingang zu dieser Erlebniswelt bildet der runde Pflasterplatz, der auch als „Stauraum" fungiert. Die Schüler können von dort zwischen verschiedenen Möglichkeiten der „Erschließung" wählen. Nach dem Motto „Soviel Selbsthilfe als möglich und soviel Fremdhilfe wie nötig" wird ein etappenweises Vorgehen über mehrere Jahre vorgeschlagen. Selbsterarbeitetes schafft mehr Beziehung zum eigenen Werk und mehr Beziehung fördert Interesse an schonendem Umgang. Ziel ist nicht der fertige Schulhof, sondern der Weg dorthin. Damit sollen die Kinder befähigt werden, zukunftsweisende Lebens- und Wertvorstellungen zu entwickeln.

Finanzmittel sollten projektweise zugeteilt werden. Einzelne Realisierungsabschnitte können nach verfügbarem Finanzetat und Arbeitskräften variiert und nacheinander realisiert werden. Reisighecke, Bienenwand und Lehmhütten können in kleinen Projekten mit 8–10 Kindern realisiert werden.

Der gestaltete Schulhof soll als bespielbare Landschaft entwickelt werden, die spontane eigene Initiative der Kinder ermöglicht und soziale Kontakte verwirklichen läßt. Zahlreiche multifunktionale Spiel- und Aufenthaltsräume werden angeboten: Hügel, Treppen, Hohlweg, abgesenkte Sitznischen. Die Kinder können sich je nach Stimmung in kleinen, weiten, runden oder schmalen, beschatteten oder besonnten Räumen aufhalten.

Abwechslungsreiche und vor allem natürliche Materialien, Elemente und Einrichtungen für freie kreative Spielformen (Sand, Wasser, Lehm, Pflanzen) unterschiedliche Bodenbeläge (Rasen, Rindenmulch, Natursteinpflaster in Mustern verlegt) ermöglichen vielfältige Sinneserfahrungen. Natürliche Kreisläufe wie der Wasserkreislauf oder der Biomassekreislauf sollen, z. B. durch Kompostwirtschaft oder offene Oberflächenentwässerung nachvollziehbar sein.

Die Pflanzenauswahl für den Schulhof wurde nach Spiel- und Erlebniswert vorgenommen, d.h. Pflanzen, die ein hohes Regenerationsvermögen besitzen und sehr belastbar sind. An Duft- und Tastpflanzen wurde gedacht oder an Pflanzen auf denen man besonders gut Käfer und Schmetterlinge beobachten kann.

Rainer Schmidt
Hansapark, München
Spielzonen im Baugebiet Mollgelände am Westpark[86]

Bei dem im Jahre 1983 ausgeschriebenen städtebaulichen Ideenwettbewerb entschied sich das Preisgericht für den Entwurf des Architekturbüros Jürgen von Gagern. Die Idee war, den Westpark trichterförmig in die Wohnbebauung einmünden zu lassen und gleichzeitig mit der Plazierung, Formgebung und Höhenentwicklung der Gebäude die hügelförmige Landschaft des Westparks gewissermaßen aufzunehmen und fortzusetzen.

Bei der Plazierung der Gebäude wurde besonderer Wert auf die Orientierung aller Wohnungen ins Grüne und auf den erforderlichen Schallschutz zu den Straßen gelegt. PKW-Stellplätze wurden überwiegend in Tiefgaragen angeordnet, um möglichst viele Grünflächen gestalten zu können. Damit Verkehrsstraßen das Wohngebiet nicht durchschneiden, wurden kleine Stichstraßen mit Wendehammern gewählt. Damit ist auch die Verlängerung des Westparks in das Wohngebiet nicht unterbrochen.

Ein wesentlicher Bestandteil der städtebaulichen Konzeption für den Hansapark ist das landschaftsarchitektonische Ziel, die Natur, d.h. die Fortsetzung des Westparks, in unmittelbarer Nähe zu den Gebäuden zu führen, um einen harmonischen Übergang von privatem zu öffentlichem Grün zu finden. Eingeordnet in diese Zielsetzung war die Planung der Außenanlagen, die dem Landschaftsarchitekten Gottfried Hansjakob übertragen wurde, von Anbeginn ein in die Gesamtplanung integrierter Teil. Mit dem Hansapark wurde ein Wohnpark geschaffen, in dem den Bewohnern das unmittelbare Umfeld abwechslungsreich und angenehm gestaltet wurde. Eine Vielzahl landschaftsgestalterischer Elemente und ökologischer Prinzipien wurden angewendet.

Das Gelände der Wohnsiedlung war ehemals ein Betonwerk. Anschließend wurde es als Ausstellungsbereich für die Themengärten im Rahmen der internationalen Gartenausstellung 1983 benutzt. Nach der Gartenausstellung bis zum Beginn der Bebauung stellten sich vielfältige Spontanvegetationen unterschiedlichster Sukzessionsstufen ein. Neben den funktionellen Anforderungen war die Geschichte des Ortes für die Freianlagen gestaltgebend.

Eine Besonderheit war der wertvolle Baumbestand des ehemaligen Mollgeländes: Ca. 160 Großbäume – 40jährige Linden, Ahorn-, Eichen- und Kirschbäume wurden während der Bauzeit auf dem Gelände zwischengelagert; sie wurden nun an den endgültigen Standort im Hansapark verpflanzt. Die fertiggestellte Siedlung erhielt somit von Anbeginn eine Baumkulisse, wie sie sonst nur in älteren Siedlungen vorzufinden ist.

Die Wegflächen wurden nicht in Asphalt, sondern in heller, olympiabewährter Makadamoberfläche ausgeführt. Als gestalterisches Element wurde Recycling-

material aus Metall und Stein in die Wege eingebaut. Alle Stellflächen wurden als entsiegelte Flächen in Stein-, Rasen-Kombination ausgeführt.

Ökologische Kriterien wie u. a. Dachbegrünung und die Versickerung von anfallendem Niederschlagswasser werden angewendet. Die Auswirkung auf das Kleinklima in der Siedlung, aber auch die psychologische Wirkung auf den Bewohner beim Anblick begrünter Dächer sind nicht gering zu bewerten. Nicht unbeträchtlich ist auch der Effekt der Gebührenersparnis durch die Versickerung des Niederschlagswassers.

Rund 400 m Gräben durchziehen das Gelände des Hansaparks, in die das Wasser von den Dachflächen geleitet wird und in ca. fünf Bereichen zur Bildung von Feuchtbiotopen dient. Der Wechsel von Feucht- und Trockenbiotopen kann die Ansiedlung einer vielfältigen Flora und Fauna ermöglichen. Darüber hinaus sind diese Flächen im weitesten Sinne auch Erlebnisbereiche für Kinder außerhalb der den Wohngebäuden direkt zugeordneten Spielplätze.

Als Aufenthaltsbereiche für Kinder entwickelten sich in dem Gestaltungskonzept vier verschiedene Spielzonen:

1. Spielflächen

Nach der Bayerischen Bauordnung und den Bestimmungen für die Freiflächengestaltung sind Spielbereiche mit Spielgeräten im Außenanlagenbereich nachzuweisen. Diese Spielplätze im traditionellen Sinn wurden überwiegend im Bereich der Erschließungszonen des Baugebietes ausgewiesen. Um auf die filigrane Architektur mit den Spielgeräten Bezug zu nehmen, wurden Spielgeräte weiß lackiert und mit Ausfachungen in den gleichen Farben der Fassadengestaltung versehen.

Die artifizielle Gestaltung der Spielgeräte wurde bewußt vorgenommen, denn die Funktionen des Gerätespiels (Schaukeln, Rutschen, Klettern etc.) sowie des Spiels der Kleinkinder (Sandspiele) werden dadurch nicht beeinträchtigt.

2. Hauseingangsbereiche

Die Hauseingangsbereiche und zu Plätzen aufgeweiteten Kreuzungsbereiche der Wege wurden als Hauptkommunikationspunkte innerhalb der Wohnsiedlung durch eine besondere Belagsgestaltung aufgewertet. Hierzu wurden Plattenbruchstücke, alte Zahnräder, Schienen und sonstige Belagsbruchstücke als Erinnerung an das ehemalige Betonwerk in die Beläge integriert. In die Platten wurden steinmetzmäßig Strukturen eingraviert, wie z. B. Blattformen der verwendeten Gehölze, Buchstaben und Strichzeichnungen, die vorher von Kindern auf die Platten aufgemalt wurden.

Die Hauseingangsbereiche und Wohnbereichsplätze, die vom fließenden Verkehr abgetrennt eingeplant wurden und eine hohe räumliche Qualität aufweisen, sind die liebsten Spielbereiche, da hier der Kontakt zu den Erwachsenen gegeben ist und vielfältige Rollenspiele aus dem Erwachsenenleben heraus entwickelt werden können.

3. Versickerungsgraben

Im Rahmen des ökologischen Wohnungsbaues sollte das Dachflächenwasser flächig im Baugebiet versickern. Hierzu wurde ein Grabensystem parallel zu den Gebäuden entwickelt, das zum einen abgedichtete Feuchtbereiche aufweist, zum anderen aber großflächige kiesige Versickerungsbereiche, die die meiste Zeit des Jahres trocken sind und ideale Spielbereiche darstellen.

Hier gibt es die Möglichkeit, sich zu verstecken, Rollenspiele zu initiieren, zu laufen, fangen oder mit dem BMX-Rad durchzufahren. Die Bepflanzung des Versickerungsgrabens wurde bewußt mit kinderfreundlichen Spielgehölzen (Weiden, Haseln, Hartriegel) durchgeführt. Die Böschungen der Gräben wurden mit einer Initialpflanzung für eine Hochstaudenflur versehen, die sich aber weitgehend selbständig ohne weitere Pflege entwickeln soll. In das Grabensystem ist ein Matschspielplatz integriert.

4. Wiesenflächen

In Fortführung der Westparklandschaft bilden große Wiesenflächen im Zentralbereich der Wohnanlage zugleich Identifikationsraum und Familientreff.

Durch Gehölzpflanzungen gegliederte Einzelräume bieten vielfältige Möglichkeiten für freie Bewegungsaktivitäten oder aber Bewegungsaktivitäten mit mobilen Geräten. Durch die Integration von Kunstobjekten und die Ausgestaltung der Bodenbeläge mit differenzierten Pflaster – und Materialstrukturen werden im zentralen Bereich thematische Schwerpunkte/Spielorte gebildet, die eine Unverwechselbarkeit dieser Spielbereiche darstellen.

Ein an die Austellungszeit der IGA erinnernder Rosengarten mit ruinösen Pergolenelementen und vielfältigen Sitzmöglichkeiten nimmt die generationsübergreifende Verknüpfung von Einrichtungen für den Erwachsenenaufenthalt und Kinderspiel (Betreuung, Generationenspiel) wahr.

Anmerkungen

[1] Jedoch nur, soweit dies im Rahmen des Themas liegt. Grundsätzlich sei hier auf das Buch von Agde/Nagel/Richter: Sicherheit auf Kinderspielplätzen (s. Literaturverzeichnis) verwiesen.
[2] Vgl. auch Zimmer, R.: Vom Sinn der Sinne und Fellsches, J.: Pädagogik der Sinne (s. Literaturverzeichnis).
[3] Mehr als die Natur ist der „städtische" Spielraum für Kinder soziologisch untersucht worden (z.B. Muchow/Muchow: Der Lebensraum des Großstadtkindes, s. Literaturverzeichnis). Erst in jüngeren Veröffentlichungen wird direkt auf die Natur als Spielraum verwiesen, auf die Siedlungsränder, auf die Randzonen der Kleingartensiedlungen als bespielbare Bereiche (Hülbusch, Karl-Heinrich u.a.: Freiraum- und landschaftsplanerische Analyse des Stadtgebietes von Schleswig, s. Literaturverzeichnis). Das mag u.a. daran liegen, daß die Natur sich, anders als die Stadt, nicht so sehr nach den herkömmlichen verhaltenspsychologischen Kriterien als Lebensraum des Kindes erschließen läßt.
Einen plastischen Überblick über die Bedeutung der Natur für unsere Städte und Dörfer und über die Auswirkungen ihrer Beseitigung in den vergangenen Jahrzehnten vermittelt das Buch von Wieland/Bode/Disko: Grün kaputt, (s. Literaturverzeichnis).
[4] Vgl. dazu den Forschungsbericht FLL: Standortoptimierung von Straßenbäumen (s. Literaturverzeichnis).
[5] Darauf verweist auch die DIN 18034, 4.3.3.3.
[6] ebda.
[7] Vgl. hierzu: Agde: Sammlung von Gerichtsurteilen (s. Literaturverzeichnis), S. 45–49 (Urteil des Oberverwaltungsgerichts Münster v. 08.07.1986 – AktZ: 11 A 1288/85). Die rechtliche Beurteilung erfolgte dabei nach Grundsätzen des Bauplanungsrechts (§ 34 Abs. 1 Bundesbaugesetz – seit 1887 Baugesetzbuch).
Die uneingeschränkte Duldung von Spielplatzlärm in reinen Wohngebieten hat auch der Baden-Württembergische Verwaltungsgerichtshof in einem 1987 veröffentlichten Urteil festgelegt (AktZ: 1 S 1504/86). Nach einem Urteil des Bayerischen Verwaltungsgerichtshofs von 1987 sind sogar Bolzplätze in einem allgemeinen Wohngebiet nach 20 Uhr zu dulden (AktZ: 14 B 85 A 3090).
Das Braunschweiger Verwaltungsgericht hat 1991 in einem Urteil entschieden (AktZ: 9 A 9014/91), daß in reinen Wohngebieten der von spielenden Kindern im Alter bis zu 12 Jahren ausgehende Lärm uneingeschränkt zumutbar ist. Eine Einschränkung des Spielens zur Mittags- und Abendzeit würde für die Kinder eine unbillige Härte darstellen.
[8] Vgl. Springer, M.: Lebende Zäune (s. Literaturverzeichnis)
[9] Hard/Pirner: Die Lesbarkeit eines Freiraumes (s. Literaturverzeichnis).
[10] ebda.
[11] ebda.
[12] ebda.
[13] ebda.
[14] ebda.

¹⁵ Hess. Arbeitsgemeinschaft für Gesundheitserziehung (Hrsg.): Giftpflanzen (s. Literaturverzeichnis)
¹⁶ Koch, H. in: Giftige Pflanzen an Kinderspielplätzen. Hrsg. Bundesverband Garten-, Landschafts- und Sportplatzbau (s. Literaturverzeichnis).
¹⁷ Hessische Arbeitsgemeinschaft für Gesundheitserziehung (Hrsg.): Giftpflanzen (s. Literaturverzeichnis).
Auch Alex Oberholzer geht in seinem Buch: Gärten für Kinder (s. Literaturverzeichnis) ausführlich auf die Unmöglichkeit ein, Giftpflanzen fachlich eindeutig zu definieren und wendet sich auch aus pädagogischen Gründen gegen Radikallösungen: „Es gibt daher nur ein Mittel, Kinder vor Pflanzenvergiftungen zu schützen: Sie müssen lernen, nichts zu essen, was sie nicht kennen. [...] Dies bedeutet, daß Kleinkinder überall sorgfältig betreut und begleitet werden müssen. Daß die Gefahr stark übertrieben wird, zeigen die Jahresberichte des Toxikologischen Institutes in Zürich. Seit seiner Gründung im Jahre 1966 sind keine Kinder an Pflanzenvergiftungen, ausgenommen an Pilzgerichten, gestorben." (S. 157)
¹⁸ Der Bundesverband Garten-, Landschafts- u. Sportplatzbau e.V. vertritt hier eine sehr klare und realitätsnahe Position: Es gibt zahlreiche Pflanzen, bei denen Berührungen oder der Genuß das Wohlbefinden bzw. die Gesundheit beeinträchtigen oder gefährden. Eine bundeseinheitliche und verbindliche Liste derartiger Pflanzen, welche für bestimmte Grünflächen (z.B. für Kinderspielplätze) verboten sind, gibt es nicht. Der Bundesverband Garten-, Landschafts- und Sportplatzbau empfiehlt im Einvernehmen mit der Ständigen Konferenz der Gartenamtsleiter beim Deutschen Städtetag, in jedem Falle bei Kinderspielplätzen und anderen Grünflächen, wo Kinder gefährdet sein könnten, auf folgende vier Pflanzenarten zu verzichten: Seidelbast, Pfaffenhütchen, Goldregen, Stechpalme.
Neben diesen vier Arten gibt es zahlreiche andere Kultur- oder natürlich vorkommende Pflanzen, welche in bestimmten Grünflächen nicht gepflanzt werden oder die dort nicht aufwachsen sollten, z.B. Aronstab, Eibe, Fingerhut, Herbstzeitlose, Tollkirsche.
Die Entscheidung, welche Pflanzen für welche Grünflächen ungeeignet sind, muß für den Einzelfall getroffen werden. Erforderlichenfalls muß der Rat des Fachmannes eingeholt werden. Ungeachtet der fachlichen Verantwortung von Bauherrn, Landschaftsarchitekten und Unternehmen des Garten-, Landschafts- und Sportplatzbaues hinsichtlich der Verwendung von „giftigen" Pflanzen wird allen Eltern und Erziehern nahegelegt, den Kindern möglichst früh beizubringen, welche Pflanzen und Pflanzenteile Gefahren in sich bergen können. Nur so kann erreicht werden, daß gefährliche Vergiftungen durch Pflanzen und Pflanzenteile vermieden werden.
¹⁹ DIN-Taschenbuch 105: Kinderspielgeräte (s. Literaturverzeichnis), S. 138.
²⁰ vgl. DIN 18034 4.3.3.3.
²¹ ebda.
²² Angaben zu geeigneten Sorten s. MURL: Grüne Wände... und Niemeyer-Lüllwitz/Hoff: Das Gartenbuch für Städter (s. Literaturverzeichnis).
²³ Naturschutz-Zentrum Nordrhein-Westfalen: Natur-Spiel-Räume für Kinder (s. Literaturverzeichnis), S. 12–13. Zur Anlage von Hecken s. auch Oberholzer: Gärten für Kinder, S. 86–96, Brügger/Voellmy: Das BeiSpielplatz-Buch, S. 82, Winkler/Salzmann: Das Naturgartenhandbuch für Praktiker (s. Literaturverzeichnis)
²⁴ Zur Anlage und Gestaltung naturnaher Wiesen s. Winkler/Salzmann: Das Naturgartenhandbuch (s. Literaturverzeichnis).
²⁵ Zusammengestellt von Freiraumplanung Dipl.-Ing. Marianne Roland, Friedrichshafen
²⁶ vgl. DIN 18034, 4.1.
²⁷ Näheres dazu in Agde u.a.: Freiflächen zum Spielen (s. Literaturverzeichnis)
²⁸ Viele Anregungen für phantasievolle Zäune bietet das Buch von Boeminghaus: Zäune aus Holz (s. Literaturverzeichnis).
²⁹ Naturschutz-Zentrum Nordrhein-Westfalen: Natur-Spiel-Räume für Kinder (s. Literaturverzeichnis).
³⁰ Oberholzer/Lässer: Gärten für Kinder (s. Literaturverzeichnis).

[31] Benjes: Botterbloom. Heilsames Durcheinander ... (s. Literaturverzeichnis).

[32] s. auch Winkler/Salzmann: Das Naturgartenhandbuch (s. Literaturverzeichnis).

[33] Wie viele Aspekte bei der Gestaltung eines Spielplatzes läßt sich auch dieser Punkt nicht theoretisch und grundsätzlich festlegen. Um den Sicherheitsanforderungen an ein Spielgelände Genüge zu tun, müssen die DIN-Normen 18034 und 7926 und einschlägigen Gerichtsurteile berücksichtigt werden und die darin enthaltenen und gemeinten Risikovolumina abgedeckt sein. Dazu bedarf es immer der praktischen Auseinandersetzung mit den Gegebenheiten vor Ort und einiger Erfahrung. Vgl. dazu die Sicherheitskapitel in diesem Buch.

[34] vgl. Fn. 29; vgl. auch: Ministerium für Umwelt, Raumordnung u. Landwirtschaft: Gärtnern mit der Natur (s. Literaturverzeichnis).

[35] Oberholzer/Lässer: Gärten für Kinder (s. Literaturverzeichnis), S. 149–151.

[36] Ministerium für Umwelt, Raumordnung und Landwirtschaft: Grüne Wände (s. Literaturverzeichnis).

[37] Starkwüchsige Schlinger wie Blauregen und Baumwürger dürfen als Kletterhilfe keine Regenfallrohre benutzen, da diese im Laufe der Zeit von der Pflanze zusammengedrückt werden können.

[38] Bayrischer Landesverband für Gartenbau u. Landespflege (Hrsg.) Fassaden erfolgreich begrünen; (mit genauer Bauanleitung für Kletterhilfen): vgl. auch Niemeyer-Lüllwitz/Hoff: Das Gartenbuch für Städter (s. Literaturverzeichnis).

[39] Bei Terrassierungen z.B. mit Trockenmauern ist besonders auf gute fachliche Bauplanung und -ausführung zu achten, damit die Anlage stabil und somit sicher ausgeführt wird. Viele der im vorliegenden Buch genannten Beispiele lassen sich z.T. von Laien ausführen. Terrassierungen und größere Trockenmauern sollten nur von Fachleuten ausgeführt werden.

[40] Brügger/Voellmy: Das BeiSpielplatz-Buch (s. Literaturverzeichnis).

[41] Zu Rasenbänken, Graswällen etc. vgl. auch Oberholzer/Lässer: Gärten für Kinder (s. Literaturverzeichnis).

[42] Info-Spiel (Hrsg.): Das Bodenproblem auf Spielplätzen (s. Literaturverzeichnis).

[43] Zur Gestaltung lebendiger Wege vgl. auch Umweltministerium Baden-Württemberg: Lebendige Wege; Niemeyer-Lüllwitz/Hoff: Das Gartenbuch für Städter; Winkler/Salzmann: Das Naturgarten-Handbuch (s. Literaturverzeichnis).

[44] Eine äußerst ausführliche Liste von Wildstauden bietet das Buch: Winkler/Salzmann: Das Naturgarten-Handbuch (s. Literaturverzeichnis).

[45] Analog zu DIN 7926 Teil I 4.2.8 und DIN 7926 Teil I Beiblatt 1 4.2.8.

[46] Sie brauchen jedoch nicht gegen jede Art von massiver, gewaltsamer Veränderung z.B. durch Vandalismus oder Zerstörung durch Jugendliche und Erwachsene gesichert sein. Das spielende Kind muß vor nicht erkennbaren und nicht vorhersehbaren Gefahren geschützt werden. Mißbräuchliche Nutzung hat der Betreiber eines Spielplatzes nur insoweit abzusichern, als diese auf Grund von Spielanreizen oder eines feststellbaren besonderen, ortsspezifischen Nutzerverhaltens zu erwarten, relativ wahrscheinlich oder naheliegend ist. Es müssen keine Maßnahmen gegen jede denkbare, nur entfernt liegende Möglichkeit einer Gefährdung und gegen jede theoretisch vorstellbare unangemeßne, falsche oder mißbräuchliche Nutzung getroffen werden. Vgl. Urteil Oberlandesgericht Celle v. 08.06.1983 (AktZ: 9 U 259/82). In: Agde: Gerichtsurteile Teil 1, S. 19.

[47] Das Erklimmen der Wurzelkronen setzt neben einem relativ hohen Maß an Geschicklichkeit auch ein bewußtes und absichtliches Eingehen des damit verbundenen Spielrisikos voraus. Kleine unerfahrene Kinder können nicht zufällig hinaufgelangen und sich dort plötzlich mit einem (noch) nicht beherrschbaren Risikovolumen konfrontiert sehen. Auf diese Weise sind Höhen von 2,5m durchaus erlaubt.
Wären die Stämme wie die meisten Spielgeräte von Kindern jeden Alters gleichermaßen besteigbar, z.B. durch typische Aufgänge wie Leitern, Treppen etc. müßte bei freien Fallhöhen über 2m der Untergrund falldämpfende Eigenschaften aufweisen. Nach DIN 7926 I 4.3.6: „Bodenarten" wären Sand, Feinkies oder Hackschnitzel mit den dort beschriebenen Eigenschaften geeignet. Fallschutzplatten passen nicht zu naturnahen Spielbereichen. Freie Fall-

höhen definiert man als den Abstand von dem Punkt der Hauptfixierung des Körpers an ein Gerät bis zur darunterliegenden Aufprallfläche (vgl. Info-Spiel: Sicherheitsanforderungen S. 34 u. 40.).

Auf Außenanlagen von Kindergärten sind nach den Anforderungen der dafür zuständigen Gemeindeunfallversicherungsverbände (GUV) ab 1m Freier Fallhöhe falldämpfende Bodenmaterialien vorgeschrieben (vgl. GUV 26.14 S. 6 u. GUV 16.4 Absch. 7.4, S. 12.).

Der Geisterwald wurde vom Grünflächenamt Leverkusen unter der Federführung des Amtsleiters, Herrn Hans Deutschle, zusammen mit Dipl. Ing. Otto u. Dipl. Ing. Witowski kreiert.

[48] vgl. auch Hinweise S. 63ff. Freilich gilt auch hier: Sofern die Konstruktion bekletterbar ist, und je weniger Geschicklichkeit und Erfahrung dies voraussetzt, desto mehr muß auf Fallhöhen und Falldämpfung des Untergrundes entsprechend DIN 7926 geachtet werden. Zudem muß die Struktur entsprechend stabil und standfest gebaut sein.

Zur Anlage u. Gestaltung von Weidenhäuschen und Weidenzäunen für Kindergärten siehe auch: Natur-Spiel-Räume für Kinder (s. Literaturverzeichnis) S. 15–24.

In Kindergartenbereichen gelten die von den Gemeindeunfallversicherungsverbänden vorgegebenen Anforderungen. Wird aus Weiden ein Klettergerät gebaut, das für alle Kinder leicht erkletterbar ist, sind die jeweiligen Sicherheitsbestimmungen für Spielgeräte in Kindergärten maßgebend (GUV 16.4 u. 26.14). Ist die Freie Fallhöhe größer als 0,5m muß der Untergrund im Sicherheitsbereich ungebunden sein; ist sie größer als 1m, muß der Untergrund stoßdämpfende Eigenschaften aufweisen.

[49] Je größer und schwerer die Konstruktion ist, desto stärker muß darauf geachtet werden, daß sie nicht plötzlich umstürzen oder zusammenbrechen kann. Ist sie durch Aussteifungen und Quersprossen für alle Altersgruppen leicht bekletterbar, muß bei freien Fallhöhen über 2m der Untergrund falldämpfende Eigenschaften aufweisen. Gegebenenfalls ist ein Erklettern so zu erschweren, daß nur ältere Kinder hinaufgelangen können, die über eine besondere Trainiertheit und Geschicklichkeit verfügen und sich über den absichtlich unternommenen Aufwand das damit verbundene Risikovolumen bewußt machen könnten.

[50] Verbindungen sind so auszubilden, daß es beim Hineingreifen zu keinen Verletzungen kommen kann. Frei herausragende Drahtseilenden, spitze oder scharfkantige Teile o. ä. sind unzulässig. Gewinde und Schraubenverbindungen sind DIN-gerecht auszuführen (vgl. dazu ausführlich DIN 7926 I 4.2.7: Oberflächenbeschaffenheit im Gerätespielbereich). Zudem müssen sie gegen unbefugtes Lösen gesichert sein (DIN 7926 I 4.2.19: Verbindungsteile). Im Fallbereich dürfen keine harten, unelastischen Wurzeln aus dem Boden ragen, so daß es bei einem möglichen Aufprall zu einem harten, den Körper überknickenden Stoß kommen kann. Gegebenenfalls muß der Boden durch falldämpfendes Material wie z.B. Hackschnitzel (sehr geeignet) abgedeckt werden. Eventuell bietet der Untergrund ohnehin falldämpfende Qualitäten (elastischer Waldboden).

[51] Bei Konstruktionen mit Seilen empfiehlt die DIN 7926 I 4.2. 12.2. faserummantelte Drahtseile. Die Drähte im Inneren der Litzen sollen eine Beschädigung der Seile, z.B. durch Taschenmesser oder einfache Sägewerkzeuge stark erschweren bzw. unmöglich machen. Werden ummantelte Drahtseile für Kletternetze etc. verwandt, muß jede Litze mit Garnen aus synthetischen oder natürlichen Fasern ummantelt sein.

[52] Um hier ein gewisses Maß an Sicherheit zu bieten, muß der Abstand Plattform–Stamm größer als 25mm sein (mehr als 30mm ist sicherer). Er darf maximal 11 cm betragen, damit kein Kopf hindurchpaßt. Wir empfehlen eine wesentlich kleinere Größe von max. 4cm, damit auch die Füße geschützt sind. Der Abstand hängt natürlich wesentlich von dem Alter der Nutzergruppe ab.

[53] Auch hier sind die zulässigen Fallhöhen zu beachten, gegebenenfalls falldämpfende Bodenmaterialien zu verwenden. Durch stufenförmigen Aufbau und Absturzsicherungen, die ein Hinabfallen verhindern, sind allerdings unter Einhaltung der erlaubten Fallhöhen relativ hohe Bauten möglich, (vgl. Beltzig/Richter/Trätner: Skizzen zu den Sicherheitsanforderungen S. 35 u. 41).

54 DIN 18034, 4.3.4.
55 Agde/Nagel/Richter: Sicherheit auf Kinderspielplätzen (s. Literaturverzeichnis), S. 117.
56 Beltzig, G.: Kinderspielplätze mit hohem Spielwert (s. Literaturverzeichnis).
57 Agde/Nagel/Richter: Sicherheit auf Kinderspielplätzen (s. Literaturverzeichnis), S. 82.
58 ebda.
59 Beltzig, G.: Spielplätze mit hohem Spielwert (s. Literaturverzeichnis), S. 82 f.
60 vgl. ebda.
61 Beltzig/Richter/Trätner: Skizzen zu den Sicherheitsanforderungen der DIN 7926 (s. Literaturverzeichnis).
62 DIN-TB 105: Kinderspielgeräte (s. Literaturverzeichnis), S. 139.
63 Agde, G.: Sammlung von Gerichtsurteilen (s. Literaturverzeichnis), S. 11–13.
64 Agde/Nagel/Richter: Sicherheit auf Kinderspielplätzen (s. Literaturverzeichnis), S. 16.
65 Beltzig/Richter/Trätner: Skizzen zu den Sicherheitsanforderungen der DIN 7926 (s. Literaturverzeichnis), S. 5.
66 Agde/Nagel/Richter: Sicherheit auf Kinderspielplätzen (s. Literaturverzeichnis), S. 16.
67 Gerätesicherheitsgesetz § 3 Abs. 1 S. 2.
68 DIN-TB 105: Kinderspielgeräte (s. Literaturverzeichnis), S. 138.
69 ebda., S. 9
70 ebda., S. 20 f.
71 Agde, G.: Sammlung von Gerichtsurteilen (s. Literaturverzeichnis), S. 35.
72 ebda., 37–39
73 Genauere Ausführungen s. Agde/Nagel/Richter: Sicherheit auf Kinderspielplätzen, S. 79–85; Trätner: Kontrolle, Wartung, Sanierung (s. Literaturverzeichnis).
74 Hier sind insbesondere zu nennen: DIN 7926 – Kinderspielgeräte in: DIN TB 105; Agde/Nagel/Richter: Sicherheit auf Kinderspielplätzen; Beltzig/Richter/Trätner: Skizzen zu den Sicherheitsanforderungen der DIN 7926 (s. Literaturverzeichnis).
75 s. DIN 18034, 5.2 und 5.3.
76 s. DIN 7926 Teil I, 4.3.1.
77 s. DIN 7926 Teil I, 4.3.1 und Beiblatt 1 zu DIN 7926, Teil I 4.3.1.
78 s. DIN 7926 Teil I, 4.2.8 und 4.3.2; Beiblatt 1 zu DIN 7926 I, 4.2.8.
79 s. DIN 7926 Teil I, 4.2.5.
80 Beiblatt 1 zu DIN 7926 Teil I, 4.3.6.
81 Zu Bodenarten s. DIN 7926 Teil I, 4.3.6; Beiblatt 1 zu DIN 7926 Teil I, 4.3.6; Info-Spiel: Das Bodenproblem auf Spielplätzen (s. Literaturverzeichnis). Zeichnung aus: Beltzig, G.: Spielplätze mit hohem Spielwert (s. Literaturverzeichnis), S. 82.
82 Dipl.-Ing. (FH) Marianne Roland, Freiraumplanung, Albrecht-Dürer-Str. 56, 88046 Friedrichshafen.
83 Dipl.-Ing. (FH) Marianne Roland, Freiraumplanung, Albrecht-Dürer-Str. 56, 88046 Friedrichshafen.
84 Dipl.-Ing. (FH) Mathias Bartsch, Schackelster Str. 115, 12683 Berlin.
85 Vgl. Susanne Edinger, Schulhofumgestaltung unter freiraumplanerischen und städtebaulichen Gesichtspunkten. Erfahrungen, Konzepte, Perspektiven. Dissertation an der Universität Kaiserslautern 1988.
86 Prof. Rainer Schmidt, Landschaftsarchitekt, Görresstr. 12, 80798 München

Quellenangaben für Bildmaterial

Photos:

Alex Oberholzer (S. 72, unten rechts; S. 84; S. 85)
Marianne Roland (S. 110 unten)
Marcel Kalberer (S. 104, oben rechts)
Norbert Rechler (S. 90; S. 116; S. 118; S. 126)
Johanna Spalink-Sievers (S. 113)
Petra Schmidt (S. 30, oben rechts)
Georg Coenen (S. 25, S. 72, oben; S. 146; S. 147)
Stefan Klaner (S. 87; S. 142)
Till Köster (S. 11)
– mit freundlicher Genehmigung der Autoren –
– alle Rechte liegen bei den Autoren –

Zeichnungen:

Günter Beltzig (S. 121; S. 137)
Marcel Kalberer (S. 104; S. 105; S. 144)
Manfred Stein (S. 47)
Dirk Lischewski (mit freundlicher Genehmigung des Naturschutzzentrums Nordrhein-Westfalen) (S. 71)
– mit freundlicher Genehmigung der Autoren –
– alle Rechte liegen bei den Autoren –
Alle anderen Photos und Zeichnungen stammen vom Autor.

Pläne:

Baureferat/Gartenbau der Stadt München (Dipl.-Ing. (FH) Gerhard Zemanek), Eduard-Schmid-Str. 36, 81541 München (S. 107)
Natur- und Schulbiologiezentrum Leverkusen e.V., Gut Ophoven, Talstraße 4, 51379 Leverkusen (S. 148)
Dipl. Ing. (FH) Marianne Roland, Albrecht-Dürer-Str. 56, 88046 Friedrichshafen (S. 151; S. 154; S. 156)
Dipl. Ing. (FH) Mathias Bartsch, Schackelster Str. 115, 12683 Berlin (S. 158)
Gewofag München – Gemeinnützige Wohnungsfürsorge AG, Kirchseeoner Str. 3, 81669 München/Planung: Büro Gottfried Hansjakob, München Projektleitung Prof. Rainer Schmidt, Görresstr. 12, 80798 München u. Thomas Gusenburger (S. 161)

Literaturverzeichnis

Agde, Georg/Boeminghaus, Dieter u.a.: Freiflächen zum Spielen. Kommentar zu DIN 18034. Berlin, Köln: Beuth Verlag 1991.
Agde, Georg/Nagel, Alfred/Richter, Julian: Sicherheit auf Kinderspielplätzen. Spielwert und Risiko. Sicherheitstechnische Anforderungen. Rechts- und Versicherungsfragen. 3. Aufl. Wiesbaden und Berlin: Bauverlag 1989, 4. Aufl. 1995 i. Vorb.
Agde, Georg: Sammlung von Gerichtsurteilen. Spielplatzunfälle im Spiegel der Rechtsprechung. München: Info-Spiel 1989.
Aichele, Dietmar/Golfe-Bechtle, Marianne: Was blüht denn da? Wildwachsende Blütenpflanzen Mitteleuropas. Stuttgart: Franckh-Kosmos Verlagshandlung (Kosmos Naturführer) ^{55} 1993.
Andritzky, Michael/Spitzer, Klaus: Grün in der Stadt. Reinbek: Rowohlt 1981. (leider vergriffen)
Arbeitsgruppe Spielplatz im Bürgerverein Düsseldorf-Handweiser e.V.: Bürgerpark Düsseldorf Heerdt. Düsseldorf: Herausgegeben im Selbstverlag 1989. (Bezug: Ökotop Heerdt e.V., Krefelder Str. 145, 40549 Düsseldorf. Tel: 0211-501312.)
Ariès, Philippe: Das Kind und die Straße – von der Stadt zur Anti-Stadt. In: Freibeuter 60: Thema Kinder und Umgebung. Berlin: Verlag Klaus Wagenbach 1994.
Bachmann, Rainer: Ökologische Außengestaltung in Kindergärten. Praktisches Handbuch für Neubau und Umgestaltung. Berlin: Fipp Verlag 1994.
Bartsch, Mathias: Kind- und umweltgerechte Gestaltung der Schulfreifläche an der 34. Grundschule Hellersdorf. Ingenieurabschlußarbeit an der Ingenieurschule für Gartenbau „Christian Reichart", Erfurt an der Fachhochschule Erfurt Fachbereich Landschaftsarchitektur. Erfurt 1993.
Bayerischer Gemeindeunfallversicherungsverband - Staatl. Ausführungsbehörde für Unfallversicherung: Richtlinien für Kindergärten – Bau und Ausrüstung – GUV 16.4. München 1990 (Bezug: GUV Bayern, Ungererstr. 71, 80805 München bzw. durch den zuständigen Unfallversicherungsträger des jeweiligen Landes: Bestell-Nr: GUV 16.4.).
Bayerisches Landesinstitut für Arbeitsschutz: Merkblatt Gerätesicherheitsgesetz München o.J. (Bayerisches Landesinstitut für Arbeitsschutz, Pfarrstr. 3, 80538 München, Tel: 089-21841.)
Bayerischer Landesverband für Gartenbau u. Landespflege (Hrsg.): Fassaden erfolgreich begrünen. Herzog-Heinrich-Str. 21. 80336 München. (Bearbeitung: Dipl.-Ing. C. Althaus, Prof. Dr. P. Kiermeier, Klaus Sachsenmaier, Institut für Stauden u. Gehölze der Staatl. Versuchsanstalt für Gartenbau, Weihenstephan. Die Broschüre ist zum Selbstkostenpreis im Obst- u. Gartenbauverlag, Herzog-Heinrich-Str. 21, 80336 München erhältlich)
Bayerischer Landesverband für Gartenbau u. Landespflege (Hrsg.): Merkblatt Obstspaliere. Herzog-Heinrich-Str. 21. 80336 München (z.Zt. vergriffen). Beratende Unterstützung zu Themen wie Fassadenbegrünung und Obstspaliere erteilen die Kreisfachberater in den Landratsämtern.
Bayerisches Staatsministerium für Landesentwicklung und Umweltfragen – StMLU (Hrsg.): Grüne Innenhöfe. München ^{2}1984. (Bezug: Bayerisches Staatsministerium für Landesentwicklung und Umweltfragen. Rosenkavalierplatz 2. 81925 München).
Bayerisches Staatsministerium für Landesentwicklung und Umweltfragen – StMLU (Hrsg.): Wohnumfeld. Gestaltung und Nutzung wohnungsnaher Freiräume (= Arbeitsblätter für die Bauleitplanung Nr. 10, Grünordnung und Landschaftspflege) München 1990. (Verfasser: Urbanes Wohnen e.V. München: Dipl. Ing. Manfred Drum, Dipl. Ing. Karl Ludwig, Dipl. Ing. Reiner Schmidt.)
Beltzig, Günter: Kinderspielplätze mit hohem Spielwert – Planen, Bauen, Erhalten. Wiesbaden und Berlin: Bauverlag 1987.
Beltzig, Günter/Richter, Julian/Trätner, Reinhard: Sicherheitsanforderungen zur DIN 7926. München: Info-Spiel (3. Aufl.) 1994.

Benjes, Heinrich: Hein Botterbloom. Heilsames Durcheinander für Lehrer, Libellen und Kinder. (Bezug: Heinrich Benjes (Selbstverlag), Auf dem Brande 13, 27367 Hellwege, Tel: 04264-9301).
Bochnig, Stefan: Bausteine für eine bespielbare Stadt. Neue Aufgaben für Freiraumplanung und Stadtentwicklung. – In: Spielraum 1/1993. Organ der Arbeitsgemeinschaft Spielraum. rh-Redaktionsbüro Rolf von der Horst, Alte Schule Bannetze, Winsen/Aller. (Bezug: rh-Redaktionsbüro Rolf von der Horst, Alte Schule Bannetze, 29308 Winsen/Aller, Tel: 05146-363.)
Böhme, Gernot: Für eine ökologische Naturästhetik. Frankfurt am Main: Suhrkamp 1989 (= edition suhrkamp NF 556).
Boeminghaus, Dieter: Zäune aus Holz. Klassische Lösungen und neue Beispiele. München: Callwey 1986.
Brügger, Tobias/Voellmy, Louis: Das BeiSpielplatz-Buch. Zürich: Verlag Pro Juventute 1984.
Bundesverband Garten-, Landschafts- und Sportplatz e.V.: Giftpflanzen. (Bezug: Bundesverband Garten-, Landschafts- und Sportplatz e.V., Alexander-von-Humboldt-Str. 4, 53604 Bad Honnef, Tel.: 02224-77070.)
Bundesverband der Unfallversicherungsträger der öffentlichen Hand – BAGUV – Abteilung Unfallverhütung und Arbeitsmedizin: Merkblatt 26.14 – Spielgeräte in Kindergärten. 1991 (Bezug: Durch den zuständigen Unfallversicherungsträger des jeweiligen Landes: Bestell-Nr: GUV 26.14.).
Cornell, Joseph: Mit Kindern die Natur erleben. Mülheim an der Ruhr: Verlag an der Ruhr 1991.
DIN – Deutsches Institut für Normung e.V. (Hrsg.): DIN Taschenbuch 105 Kinderspielgeräte und zitierte Normen. Normen, Gerätesicherheitsgesetz (Sport und Freizeit 3) Berlin, Köln: Beuth-Verlag 1991.
DIN – Deutsches Institut für Normung e.V.: Was sie schon immer über DIN wissen wollten. Berlin 1992 (DIN Deutsches Institut für Normung e.V., Burggrafenstr. 6, 10787 Berlin).
Doernach, Rudolf: Natürlich bauen. Arbeiten mit Rundholz. Frankfurt: Krüger 1986.
Edinger, Susanne: Schulhofumgestaltung unter freiraumplanerischen und städtebaulichen Gesichtspunkten. Erfahrungen, Konzepte, Perspektiven. Universität Kaiserslautern (Dissertation) 1988 (Bezug: Dr. Susanne Edinger-Achenbach, Marienburger Str. 10, 55543 Bad Kreuznach).
Feldmann, Peter von: Recht und Spiel. München: Callwey-Verlag 1979 (= Umwelt und Spiel, Bd. 4, Deutsches Kinderhilfswerk e.V.).
Fellsches, Josef: Pädagogik der Sinne. Aussichten auf menschliche Beziehungen. Essen: Verlag Die Blaue Eule 1991 (= Folkwang Texte 1 – Beiträge zu Theorie und Kultur der Sinne).
Forschungsgesellschaft Landschaftsentwicklung Landschaftsbau (FLL) (Hrsg.): Standortoptimierung von Straßenbäumen. Forschungsbericht: Grundlagenuntersuchung, Eignungsuntersuchung, Hauptuntersuchung. Teil 1. Bonn 1989. (Bezug: Forschungsgesellschaft Landschaftsentwicklung Landschaftsbau (FLL), Colmantstr. 32, 53115 Bonn, Tel: 0228-691810).
Grüneisl, Gerd/Zacharias, Wolfgang: Die Kinderstadt. Eine Schule des Lebens. Handbuch für Spiel, Kultur, Umwelt. Reinbek: Rowohlt 1989.
Hard, Gerhard/Pirner, Jürgen: Die Lesbarkeit eines Freiraumes. München: Callwey Verlag: „Garten + Landschaft 1/1988"
Hessische Arbeitsgemeinschaft für Gesundheitserziehung (Hrsg.): Giftpflanzen. Beschauen, nicht kauen. Marburg 8. Auflage 1989.
Hessisches Ministerium für Landesentwicklung, Wohnen, Landwirtschaft, Forsten und Naturschutz – Abteilung Bauwesen u. Städtebau (Hrsg.): Stadt für Kinder. Planungshilfe für die städtebauliche Planung. Wiesbaden 1991. (Hrsg. in der Reihe „Städtebau in Hessen". Bearbeitet vom Institut Wohnen und Umwelt (IWU) unter Mitwirkung einer begleitenden Arbeitsgruppe.)
Hohenauer, Peter: Naturnahe Spielräume. Aspekte zu einer notwendigen Verbesserung der Spielmöglichkeiten im öffentlichen Raum. In: Universität Gesamthochschule Essen – Zentralstelle für Umwelterziehung. Johannes Wessel u. Harald Giesing (Hrsg.): Handbuch Umwelt-Bildung. Spielend die Umwelt entdecken. Darmstadt: Luchterhand 1995.

Hohenauer, Peter: Warum Spielplätze notwendig sind. Der Verlust an Spielorten muß ausgeglichen werden. In: Spielraum 5/1991.
Hohenauer, Peter: Für eine kindgerechte Umwelt. Örtliche Voraussetzungen und Funktionen von Spielgeräten. In: Spielraum 2/1992.
Hohenauer, Peter: Planerische Überlegungen bei der Anlage von Spielplätzen. In: Spielraum 3/1992.
Hohenauer, Peter: Sinnvolle Herausforderung. In: Spielraum 6/1993.
Hohenauer, Peter: Stadt, Natur und Spiel. Phantasievolle Konzepte für naturnahe Spielräume sind gefragt. In: Spielraum, spezial: Sinneslandschaft, Sinnenreich. Sinnesbildung und Naturerfahrung als öffentliche Aufgabe. In: Spielraum 2/1994.
Hohenauer, Peter: Warum wir Spielplätze und Spielgeräte brauchen. München: Info-Spiel 1990.
Huizinga, Johan: Homo ludens. Vom Ursprung der Kultur im Spiel. Reinbek: Rowohlt 1956.
Hülbusch, Karl-Heinrich u.a.: Freiraum- und landschaftsplanerische Analyse des Stadtgebietes von Schleswig. Kassel: Gesamthochschulbibliothek URBS ET REGIO 11/1979.

Info-Spiel e.V.: Das Bodenproblem auf Spielplätzen. (Zusammengestellt v. Peter Hohenauer) München: Info-Spiel Selbstverlag 1989 (Bezug: Info-Spiel e.V. – Dokumentations- und Informationsdienst für den Bereich Spielen im öffentlichen Raum, Thalkirchner Str. 106, 80337 München Tel: 089-7258900).

Info-Spiel e.V.: Das Problem der Bodenbelastungen auf Kinderspielplätzen (Zusammengestellt v. Peter Hohenauer): Info-Spiel Selbstverlag 1991.

Info-Spiel e.V.: Böden auf Kinderspielplätzen. Informationssammlung zusammengestellt v. Reinhard Trätner. München: Info-Spiel Selbstverlag (Sonderdruck) 1991.

Kalberer, Marcel: Rock'n'Roll der Architektur – Sanfte Strukturen 3 (1977–90). Löhrbach: Verlag Werner Pieper 1990.
Koch, Dr. Harro: Über den Umgang mit „giftigen Pflanzen", in: Giftige Pflanzen an Kinder-Spielplätzen, hrsg. v. Bundesverband Garten-, Landschafts- u. Sportplatzbau e.V. Bonn (5. Aufl.) 1979.
Kommunaler Schadensausgleich (KSA) der Länder Brandenburg, Mecklenburg-Vorpommern, Sachsen, Sachsen-Anhalt u. Thüringen: Sicherheit auf Kinderspielplätzen. Die Pflichten der Gemeinden bei der Errichtung und Unterhaltung von Kinderspielplätzen. o.A.
Kükelhaus, Hugo: Fassen, Fühlen, Bilden. Köln: Gaia Verlag 1975.
Kükelhaus, Hugo: Organismus und Technik. Gegen die Zerstörung der menschlichen Wahrnehmung. Frankfurt am Main: Fischer 1993.
Kükelhaus, Hugo: Unmenschliche Architektur. Von der Tierfabrik zur Lernanstalt. Köln: Gaia Verlag ^{7}1991.
Kükelhaus, Hugo/zur Lippe, Rudolf: Entfaltung der Sinne. Ein Erfahrungsfeld zur Bewegung und Besinnung. Frankfurt: Fischer 1984.

Landesanstalt für Ökologie, Landschaftsentwicklung und Forstplanung Nordrhein-Westfalen (LÖLF) (Hrsg.): LÖLF-Mitteilungen Nr. 3/1991: Naturnahe Schulgelände in NRW, Leibnizstraße 10, 45659 Recklinghausen.
Landeshauptstadt Kiel – Sozialdezernat (Hrsg.): Beschäftigungsprojekt Naturnahe Spielfläche Friedrichsort. Kiel 1991 (Bezug: Landeshauptstadt Kiel – Sozialdezernat, Postfach, 24099 Kiel).
Lang, Thomas: Kinder brauchen Abenteuer. München, Basel: Ernst Reinhardt Verlag 1992. (= Kinder sind Kinder; 13)
Le Roy, Louis G.: Natur ausschalten – Natur einschalten. Stuttgart 1983.
Liebich, Haimo/Zacharias, Wolfgang (Hrsg.): Welt des Spiels. Spiele der Welt. Ein Reader über Spielen, Spielfelder, Spielpraxis u. Spielprojekte. München 1991. Darin:

– Arlt, Johanna: Mutter- u. Kinderspielplätze.
– Moore, Robin C.: Mit Pflanzen spielen.
– Nohl, Werner: Spiel und Natur in der Stadt.
– Spitzer, Klaus: Ein Nachbarschaftspark als Spiellandschaft.

– Wettstein, Felix: Ökologische Prinzipien bei der Gestaltung von Spielbereichen. (Bezug: Pädagogische Aktion/Spielkultur, Reichenbachstr. 12, 80469 München).

Lohmann, Michael: Naturinseln in Stadt und Dorf. Vergessene Lebensgemeinschaften, erkennen, schützen und fördern. München, Wien, Zürich: BLV Verlagsgesellschaft 1986.

Loidl-Reisch, Cordula: Der Hang zur Verwilderung. Die Anziehungskraft der Verwilderung und ihre Bedeutung als Träger illusionistischer Freirauminszenierungen. (darin: Verwilderungsflächen als attraktive Spielräume). Wien: Picus 1986. (= Schriftenreihe Pflanzen und Gestalten, Bd. 2, hrsg. v. Hugo Potyka).

Mathes, Gertrud (Giftnotrufzentrale, Krankenhaus „Rechts der Isar", München: Vergiftungsgefahren in der kindlichen Umwelt – Wie giftig sind Giftpflanzen? (Vortrag in der Akademie für Naturschutz und Landschaftspflege – Laufener Seminarbeiträge 3/83 „Kinder begreifen Natur").

Ministerium des Innern und für Sport Rheinland-Pfalz (Hrsg.): Spielplatzbericht Rheinland Pfalz. Mainz: 1979.

Ministerium für Arbeit, Gesundheit und Soziales des Landes Nordrhein-Westfalen (Hrsg.): Schwermetalle auf Kinderspielplätzen. Ergebnisse einer Erhebung bei den Kommunen in Nordrhein-Westfalen. Juni 1991.

Ministerium für Frauen, Arbeit, Gesundheit und Soziales Saarland. Planungshilfen zum Anlegen und Gestalten kreativer Kinderspielplätze (Bezug: Ministerium für Frauen, Arbeit, Gesundheit und Soziales Saarland, Franz-Josef-Röder-Str. 23, 66119 Saarbrücken, Tel: 0681-501-3229).

Ministerium für Umwelt, Raumordnung und Landwirtschaft des Landes Nordrhein-Westfalen – MURL (Hrsg.): Gärtnern mit der Natur. Tips für Umweltschutz im Garten. Düsseldorf ^{10}1991 (Bezug: Ministerium für Umwelt, Raum-ordnung und Landwirtschaft des Landes Nordrhein-Westfalen, Schwannstraße 3, 40476 Düsseldorf).

Ministerium für Umwelt, Raumordnung und Landwirtschaft des Landes Nordrhein-Westfalen – MURL (Hrsg.): Grüne Wände bringen Leben in die Stadt. Praktische Tips zur erfolgreichen Begrünung von Gebäuden. Düsseldorf 1990 (Bezug: Ministerium für Umwelt, Raumordnung und Landwirtschaft des Landes Nordrhein-Westfalen, Schwannstraße 3, 40476 Düsseldorf).

Ministerium für Umwelt, Raumordnung und Landwirtschaft des Landes Nordrhein-Westfalen (Hrsg. in Zusammenarbeit mit dem Bund für Umwelt- u. Naturschutz Deutschland e.V., Kreisgruppe Köln): Rein in die Stadt. Kinder entdecken Stadt-Natur. Düsseldorf 1992 (Bezug: Ministerium für Umwelt, Raumordnung und Landwirtschaft des Landes Nordrhein-Westfalen, Schwannstraße 3, 40476 Düsseldorf).

Mitscherlich, Alexander: Die Unwirtlichkeit unserer Städte. Anstiftung zum Unfrieden. Frankfurt/Main: Suhrkamp 1965.

Moore, Robin C.: Die Ökologie des freien Kinderspiels in der Stadt. In: Wegener-Spöhring, Gisela/Zacharias, Wolfgang (Hrsg.) in Verbindung mit Recht auf Spiel/IPA e.V.: Pädagogik des Spiels – Eine Zukunft der Pädagogik? Beiträge zur Spielkultur, Spieldidaktik, Spielpraxis, Spielpolitik. München 1990 (Bezug: Pädagogische Aktion/Spielkultur, Reichenbachstr. 12, 80469 München, Tel: 089-2609208).

Muchow, Martha/Muchow, Hans-Jürgen: Der Lebensraum des Großstadtkindes. Bensheim ^{2}1980 (Reprint).

Naturschutz-Zentrum Hessen (Hrsg.): Umwelt und Natur in der Lebenswelt der Kinder – Internationale Tagung 29.05.–02.06.1989. Wetzlar 1989 (Bezug: Naturschutz-Zentrum Hessen, Friedenstr. 38, 35578 Wetzlar, Tel: 06441-24025).

Naturschutz-Zentrum Nordrhein-Westfalen: Beratungsmappe Naturnahes Schulgelände. Recklinghausen 1994 (Bezug: Naturschutzzentrum NRW bei der LÖLF, Leibnizstr. 10, 45659 Recklinghausen, Tel.: 02361-3051).

Naturschutz-Zentrum Nordrhein-Westfalen: Natur an der Schule. Recklinghausen o.J. (Bezug: Naturschutzzentrum NRW bei der LÖLF, Leibnizstr. 10, 45659 Recklinghausen, Tel.: 02361-3051).

Naturschutz-Zentrum Nordrhein-Westfalen: Natur-Kinder-Garten. Ein Materialheft für Kindergärten. Recklinghausen 1991 (Konzeption: Dagmar Brandt, Jutta Röthinger. Förderverein Natur- u. Schulbiologiezentrum Leverkusen e.V., Talstr. 4, 51379 Leverkusen, Tel.:02171-33366. (Bezug: Naturschutzzentrum NRW bei der Landesanstalt für Ökologie, Landschaftsentwicklung u. Forstplanung NRW (LÖLF), Leibnizstr. 10, 45659 Recklinghausen, Tel.: 02361-3051).

Naturschutz-Zentrum Nordrhein-Westfalen: Natur-Spiel-Räume für Kinder. Eine Arbeitshilfe zur Gestaltung naturnaher Spielräume an Kindergärten und anderswo. Recklinghausen 1992. Mitherausgeber: Der Oberstadtdirektor der Stadt Hamm. (Bezug: Naturschutzzentrum NRW bei der LÖLF, Leibnizstr. 10, 45659 Recklinghausen, Tel.: 02361-3051).

Der Niedersächsische Umweltminister. Referat für Umweltberichterstattung u. Öffentlichkeitsarbeit: Schuttrecycling. Kreative Gestaltung mit Bauabfall in ökologischen Freiflächen. (Verfaßt von Rainer Bachmann). Hannover 1988 (Bezug: Der Niedersächsische Umweltminister, Referat für Umweltberichterstattung u. Öffentlichkeitsarbeit, Archivstr. 2, 30169 Hannover).

Niederstrasser, Michael/Spalink-Sievers, Johanna/Weddige, Rüdiger: Gartenhaus, Laube, Pergola. Der geschützte Platz im Garten. München: Callwey ^{2}1991.

Niemeyer-Lüllwitz, Adalbert: Arbeitsbuch Naturgarten. Ravensburg: Otto Maier Verlag 1989.

Niemeyer-Lüllwitz, Adalbert/Hoff, Martina: Das Gartenbuch für Städter. Balkon- und Kleingärten, Hausbegrünung. Augsburg: Weltbild-/Naturbuch Verlag 1994.

Nohl, Werner: Umweltästhetik und städtische Freiräume. 30 Thesen. In: Wegener-Spöhring, Gisela/Zacharias, Wolfgang (Hrsg.): Pädagogik des Spiels – Eine Zukunft der Pädagogik? München 1990 (Bezug: Pädagogische Aktion/Spielkultur, Reichenbachstr. 12, 80469 München, Tel.: 089-2609208).

Oberholzer, Alex/Lässer, Lore: Gärten für Kinder. Naturnahe Schul- und Familiengärten. – Stuttgart: Ulmer 1991.

Oberholzer, Alex/Lässer, Lore: Naturgarten. Stuttgart: Parkland ^{3}1992.

Opp, Günther: Ein Spielplatz für alle. Zur Gestaltung barrierefreier Spielbereiche. München, Basel: Ernst Reinhardt Verlag 1992.

Richter, Julian: Spielraumplanung und Spielgeräte. Machbarkeit und Grenzen. In: Zacharias, Wolfgang (Hrsg.): Zur Ökologie des Spiels. Spielen kann man überall?!. München: Pädagogische Aktion 1985 (Bezug: Pädagogische Aktion/Spielkultur, Reichenbachstr. 12, 80469 München, Tel.: 089-2609208).

Ruske, Wolfgang: Spiel und Holz. Planung und Gestaltung von Kinderspielplätzen mit Holzelementen und Holzgeräten. Stuttgart: Deutsche Verlagsanstalt 1982.

Schärli, Otto: Werkstatt des Lebens. Durch die Sinne zum Sinn. Ein Werk-, Lehr- u. Spielbuch. Aarau (Schweiz): AT Verlag 1991.

Schlund, Joern (Hrsg.): Sinnesgärten und Erlebnisräume (= Arbeitsmaterialien für die Schule und außerschulische Pädagogik, Heft 3. Zürich: Pro Juventute 1988) (leider vergriffen)

Schütze, Udo: Freizeitunfälle im Kindes- und Jugendalter. Stuttgart, New York: Thieme Verlag 1992.

Spitzer, Klaus: Niemandsländer – Spielecken, Spielnischen, Reservate in der Lebenswelt. In: Wolfgang Zacharias (Hrsg.): Zur Ökologie des Spiels. München: Pädagogische Aktion 1985 (Bezug: PA/Spielkultur Reichenbachstr. 12, 80469 München, Tel.: 089/2609208).

Springer, Michael: Lebende Zäune & vegetative Lärmschutzwände aus Weidenflechtwerk, hrsg. v. Sekretariat der Kultusministerkonferenz – Abt. VII – Zentralstelle für Normungsfragen und Wirtschaftlichkeit im Bildungswesen in Zusammenarbeit mit der Stiftung Naturschutz Berlin (Bezug: Zentralstelle für Normungsfragen und Wirtschaftlichkeit im Bildungswesen, Schillstr. 9–10, 10785 Berlin).

Stadt Essen – Grünflächenamt (Hrsg.): Essens neue Spielplätze. Ökologische Umgestaltung von Spielplätzen und Spielwiesen. Essen 1993 (Ein Projekt des Grünflächenamtes der Stadt Essen in Zusammenarbeit mit dem Arbeitsamt Essen und dem Ministerium für Städtebau und Verkehr des Landes Nordrhein-Westfalen).

Stadt Köln – Dezernat für Soziales u. Wohnungswesen, Jugend, Schule u. Sport – Jugendamt: Der Naturspielplatz. Köln o.J.

Stadt Leverkusen – Schulamt in Zusammenarbeit mit dem Förderverein Natur- u. Schulbiologiezentrum Leverkusen e.V. (Hrsg.): GS-Impulse 2/1987: Möglichkeiten einer handlungsorientierten Umwelterziehung auf dem Gelände des Fördervereins Natur- u. Schulbiologiezentrum Leverkusen e.V. Gut Ophoven. Talstr. 4, 51379 Leverkusen.

Stiftung Naturschutz Berlin (Hrsg.): Grün macht Schule. In: Grünstift Special 3: 1000 Grüne Lernorte. Berlin 1991 (Bezug: Stiftung Naturschutz Berlin, Potsdamer Str. 68, 10785 Berlin, Tel.: 030-2626001/2).

Stiftung Naturschutz Berlin (Hrsg.): Grün macht Schule. Sampler 1. Berlin 1991.

Stiftung Naturschutz Berlin (Hrsg.): Pausenträume. Hinweise zur Schulhofumgestaltung. Berlin 1993.

Stiftung Naturschutz Berlin (Hrsg.): Rainer Bachmann: Rohstoff Bauschutt. In: Grünstift Special 2. Berlin 1991.

Stöcklin-Meier, Susanne: Naturspielzeug. Spielen mit Blüten, Blättern, Gräsern, Samen und Früchten. Ravensburg: Otto Maier Verlag 1987.

Trätner, Reinhard: Kontrolle, Wartung, Sanierung. Hinweise zur Instandhaltung von Spielplätzen. München: Info-Spiel Selbstverlag 1991.

Umweltministerium Baden-Württemberg: Lebendige Wege (= Besser leben mit der Natur, Folge 2). Stuttgart 1992 (Bezug: Umweltministerium Baden-Württemberg, Kernerplatz 9, 70182 Stuttgart).

Urbanes Wohnen e.V. München: Selbsthilfe und Demokratie im Wohnumfeld. Ansätze für besseres Wohnen in der Stadt. München (Bezug: Urbanes Wohnen e.V., Bauerstr. 19, 80796 München, Tel.: 089-2710010).

Voellmy, Louis/Wettstein, Felix: Pause. Schulgelände beleben und gestalten. Zürich: Verlag Pro Juventute 1992.

Wettstein, Felix: Spielraum gestalten. In: Spielraum 1–4/1991.

Wieland, Dieter/Bode, Peter M./Disko, Rüdiger (Hrsg.): Grün kaputt. Landschaft und Gärten der Deutschen. München: Raben Verlag, 10. Aufl. 1988. (Ein plastischer Überblick über die Bedeutung der Natur für unsere Städte und Dörfer und über die Auswirkungen ihrer Beseitigung in den vergangenen Jahrzehnten).

Winkel, Gerhard: Das Schulgarten-Handbuch. Seelze: Friedrich Verlag 1985.

Winkler, Andeas/Salzmann, Hans C.: Das Naturgartenhandbuch für Praktiker. Aarau: AT Verlag 1989.

Witt, Reinhard: Wildsträucher in Natur und Garten. Bestimmen, Schützen, Anpflanzen. Stuttgart: Frankh-Kosmos (Kosmos Naturführer) ^{4}1993.

Württembergische Gemeinde-Versicherung a.G.: Sicherheit auf Kinderspielplätzen. (= Info Sonderdruck). Stuttgart ^{2}1993 (Bezug: Württembergische Gemeinde-Versicherung a.G., Tübinger Str. 43, 70178 Stuttgart, Postfach 106044, 70164 Stuttgart, Tel: 0711-1695-0).

Zeiher, Helga: Die vielen Räume der Kinder. Zum Wandel räumlicher Lebensbedingungen seit 1945. – In: Preuss-Lausitz, Ulf/u.a.: Kriegskinder, Konsumkinder, Krisenkinder: Zur Sozialisationsgeschichte seit dem Zweiten Weltkrieg. Weinheim u. Basel: Beltz 1991.

Zimmer, Renate: Vom Sinn der Sinne. Zur Bedeutung von Wahrnehmung und Bewegung für die kindliche Entwicklung. – In: Spielraum 1/1993. Organ der Arbeitsgemeinschaft Spielraum. rh-Redaktionsbüro Rolf von der Horst, Alte Schmiede Bannetze, 3108 Winsen/Aller. Tel.: 05146-363.

Dankesliste

Für die fachliche Unterstützung und die sehr hilfreichen Hinweise möchte ich mich insbesondere bedanken bei:

    Dr. jur. Georg Agde
    Dipl. Ing. (FH) Marianne Roland
    Dipl. Ing. (FH) Hans-Jürgen Taurit

    Monika Adam, Biologin
    Dipl. Designer Günter Beltzig
    Dr. Stefan Bochnig, Landschaftsarchitekt
    Angelika Britz, Landschaftsarchitektin
    Dipl. Ing. (TU) Michael Brunner
    Georg Coenen, Kunstpädagoge
    Hans Deutschle, Ing. für
        Garten- u. Landschaftsgestaltung
    Dipl. Ing. (Archit.) Marcel Kalberer,
        Sanfte Strukturen u. lebende Architekturen
    Dorothea Kalb-Brenek, Aktions- und
        Mosaikkünstlerin
    Karen Leichthammer, Pädagogin
    Dr. Alex Oberholzer, Biologe
    Dipl. Ing. (FH) Ulrich Rauh
    Dipl. Ing. (FH) Julian Richter
    Inge Röger-Lakenbrink, Sozialökologin
    Dipl. Ing. (FH) Norbert Schäfer
    Thomas Tittel, Landschaftsarchitekt
    Reinhard Trätner, Industriedesigner
    Dipl. Archit. (ETH) Louis Voellmy
    Dipl. Ing. (FH) Manfred Witowski
    Dipl. Ing. (FH) Gerhard Zemanek

und den vielen, vielen Kindern, aus deren Erzählungen und Spielen bei genauem Hinhören und Hinsehen am meisten zu lernen und begreifen ist.